Der blaue Engel

Der blaue Engel

edited by Hart Wegner

University of Nevada, Las Vegas

HARCOURT BRACE JOVANOVICH, INC.

New York   San Diego   Chicago   San Francisco   Atlanta

London   Sydney   Toronto

For my parents,
Oskar and Hildegard Wegner

Copyright © 1982 by Harcourt Brace Jovanovich, Inc.

ISBN: 0-15-517350-2

Library of Congress Catalog Card Number: 81-82677

Printed in the United States of America

Preface

Two strong reasons can be cited for the use of feature-length sound films (usually ninety minutes or longer) and their scripts in intermediate and advanced foreign language instruction: an enlarged scope through the inclusion of historical and cultural material, and a more intensive penetration into the spoken language. Film dialogue preserves the rhythm, modulation, and speed of everyday conversation, qualities that are frequently lost in pedagogical films and television productions. Sound films preserve such vital linguistic "impurities" as dialect traces and contemporary colloquialisms, too often absent from classroom models.

Der blaue Engel was selected for its excellence as a cinematic work of art, the quality of its spoken German, the literate dialogue by Carl Zuckmayer and others, the importance of its source (the novel *Professor Unrat* by Heinrich Mann), and its popularity as the best-known German film ever made, as well as its availability in 16-millimeter prints for rental, lease, or sale.

The filmscript presented here is a transcription of the dialogue from the original *Blaue Engel* soundtrack. The transcription process had to be used because the script of the original German scenario was never published, nor does it exist in any of the major film libraries. The transcription was made by two persons working separately, to ensure the greatest fidelity to the original. The editor compared and fused both transcripts into the present form. The continuity—

the interstices and the scene and movement descriptions—vocabulary, and questions are original and were created for this edition. Although an attempt was made to follow the sequence of scenes in the film, the scene divisions imposed on the script are slightly different in order to create lessons of uniform length with study questions. Depending on the competency level of the class, two lessons could be combined into one. The facing-page glosses allow the student to follow the script smoothly without always having to refer to the vocabulary at the end of the book.

A Filmography, Bibliography, and Appendix are included as information sources about the film and its cast. The Appendix contains, as additional reading matter, two well-known German poems that occur in the film.

Most rental prints of the film available in the United States end differently from the original—the version used for this book—which ends with the camera tracking back from Unrat's dead body, showing row after row of empty school benches while the bell tolls midnight. The commonly available prints show the death of Unrat but add an earlier scene of Marlene Dietrich sitting astride a chair and singing "Ich bin von Kopf bis Fuß auf Liebe eingestellt." The mood and meaning of the whole film are radically affected by this editorial change. This altered version, with its triumphant statement that life and love must go on, comes closer to the traditional backstage melodrama that was gaining popularity in the early years of sound film; but in the original, Sternberg approached the elusive goal of screen tragedy.

I should like to express my gratitude for their help in the preparation of this book to Professor Jesse O. Sawyer, director of the language laboratory of the University of California, Berkeley, and Glen M. Grosjean and R. Kent Look of the same department; Pat Gallagher, Dennis McBride, and Bill Campbell, all of the University of Nevada, Las Vegas; Eberhard Spiess of the Deutsche Institut für Filmkunde in Wiesbaden; and Professor Ursula Lawson of Ohio University. Thanks also to Richard C. Helt of the University of Arizona, who reviewed portions of the manuscript.

Hart Wegner

Contents

Introduction

Of Germany's prolific film production since Oskar Messter founded the first Berlin studio in 1897, *The Blue Angel* has undoubtedly received the widest international distribution and the greatest critical acclaim. Many factors have contributed to this film's popular and artistic success: its literary source and script, its ensemble of talented actors, and Josef von Sternberg's artistic direction.

Literary Sources and Influences

The script, credited to Carl Zuckmayer, Karl Vollmöller, and Robert Liebmann, is based on a number of literary and film sources, including Heinrich Mann's 1905 novel *Professor Unrat* (although the film's director states: "*The Blue Angel* was not based on the novel, it was merely stimulated by the novel.")[1] The portion of the novel which was filmed relates how Professor Rat, a pillar of the Establishment, falls in love with Lola, the cabaret singer of a travelling troupe, and loses his social footing when he marries her. The locale is a provincial town in northern Germany modeled after Heinrich Mann's birthplace, the Baltic seaport of Lübeck, which Thomas Mann immortalized in *Buddenbrooks* (1902).[2]

---

[1] Josef von Sternberg, "A Taste for Celluloid," *Films and Filming*, 9, No. 10 (July 1963), p. 41.
[2] *Buddenbrooks* was also filmed, first in 1923 under the direction of Gerhard Lamprecht, the remake in 1961 directed by Alfred Weidenmann.

The events in the novel and the film run parallel until the storyline reaches the Unrat-Lola wedding. While the unfilmed portion of the novel involves the teacher's revenge on the community which had tormented him for many years, the film, in its post-wedding sequences, concentrates exclusively on Unrat's degradation as a consequence of his mismatch. The interrelationship of Unrat and the community, the basic concern of the novel, is almost totally absent from the film and surfaces only briefly in the crowd's mixed reaction to Unrat's appearance as a clown on the stage of the Blue Angel.

Structurally, *The Blue Angel* is a *Kammerspiel*, a play with a very limited number of actors in significant roles. While Unrat figures prominently, Lola Lola's fate is an indifferent matter to the audience. The demonic Kiepert is kept shadowy and his wife Guste remains a two-dimensional character, so as not to distract from our concern for the protagonist's fate.

The second part of the film, emphasizing Unrat's humiliation, begins with Lola Lola's song „Nimm dich in acht vor blonden Frauen" (which is ominous under these circumstances) and ends with her „Ich bin von Kopf bis Fuß auf Liebe eingestellt." During this period of suffering Immanuel Unrat rises above the tabloidal origins which shaped the character of the novel's hero.[3]

The script-writing credits are difficult to assess because of the many conflicting claims. Of the three writers involved (Zuckmayer, Liebmann, and Vollmöller), only Zuckmayer could have written the script and given the dialogue its fine shadings. In his autobiography *Als wär's ein Stück von mir*, Zuckmayer claims to have written the script of the film without help: „ . . . *Der Blaue Engel*, dessen Szenario und Dialoge

---

[3] Heinrich Mann states that the basic idea of the novel occurred to him as he read a garbled and misleading newspaper account during the intermission in the Teatro Alfieri in Florence: „In der Pause wurde eine Zeitung verkauft, darin las ich die Geschichte, die einstmals der ‚Blaue Engel' heissen sollte. In Wahrheit stand auf dem Blatte etwas ganz anderes, war nur mißverständlich berichtet, und datiert aus Berlin. Gleichviel, in meinem Kopf lief der Roman ab, so schnell, daß ich nicht einmal bis ins Theatercafé gelangt wäre. Ich blieb wie versteinert sitzen, bermerkte dann, daß der Vorhang wieder offen war, und so viel Beifall aus dankbarem Herzen hat nicht oft ein Schauspiel von einem einzigen Gast erhalten." *Ein Zeitalter wird besichtigt* (Berlin: Aufbau-Verlag, 1973), p. 183.

meine Allein-Arbeit waren."[4] He adds that he was constantly in touch with Heinrich Mann during his labors on the filmscript,[5] though Mann does not mention Zuckmayer in his references to the novel or its adaptation to the screen. As a matter of fact, in Mann's autobiography *Ein Zeitalter wird besichtigt*, Zuckmayer's name does not appear at all. In a letter to Dietrich biographer Charles Higham, Zuckmayer states that Sternberg was responsible for the sequences dealing with the destruction of Unrat while he, Zuckmayer, invented the Mazeppa character.[6] Sternberg, on the other hand, lays claim to the whole script as his own work and explains that the only reason for Zuckmayer's screen credit was that his name was more acceptable to the German public, considering the political situation of the time, than Sternberg's own.[7]

Robert Liebmann's contribution to the film consisted of the songs he wrote to Friedrich Holländer's music, while Karl Vollmöller received courtesy writing credit for his production coordination between Ufa and the Paramount studios.

The Production of The Blue Angel

THE ART DIRECTION

The set design of *The Blue Angel* is credited to Otto Hunte and Emil Hasler. Hunte, and to a lesser degree Hasler, was

---

[4] Carl Zuckmayer, *Als wär's ein Stück von mir: Horen der Freundschaft* (Frankfurt am Main: S. Fischer Verlag, 1966), p. 439.

[5] Zuckmayer, p. 41.

[6] "The end of the film, in which the professor is shown utterly defeated, and returns, a broken man, to his old schoolroom, was von Sternberg's own invention, but I introduced the character of Lola Lola's lover Mazeppa to give a chance in movies to my old friend Hans Albers." Carl Zuckmayer, quoted in Charles Higham, *Marlene: The Life of Marlene Dietrich* (New York: W. W. Norton, 1977), p. 83. Zuckmayer's comment on the help he was in bringing about a screen career for Albers is erroneous, because the actor had been employed in films for two decades before *The Blue Angel*.

[7] "Both men [Karl Vollmöller and Carl Zuckmayer] were called in to lend their names to the manuscript because it was feared that Germany could not afford the authoring of a German work by a non-German. As a matter of fact, Vollmöller has denied any authorship, while Zuckmayer in his writings persists in saying that he has contributed. He is a brilliant author, but his contributions in *The Blue Angel* are not worth mentioning." Sternberg in the introduction to *The Blue Angel: Classic Film Scripts* (New York: Simon and Schuster, 1968), pp. 11–12.

responsible for the celebrated "Ufa look" of such 1920s masterpieces as *Die Spinnen, Dr. Mabuse, Der Spieler, Die Nibelungen, Metropolis, Die Liebe der Jeanne Ney, Spione, Frau im Mond,* and *M*—establishing in these films the classic German film design. All of the major Fritz Lang films (with the exception of *Der müde Tod*) were designed, in collaboration with others, either by Hunte or Hasler.

THE CINEMATOGRAPHY

The cameramen Günther Rittau and Hans Schneeberger and the sound technician Fritz Thiery were selected by producer Pommer to work on *The Blue Angel* because Pommer had worked with them on the first Ufa sound film, *Melodie des Herzens*. Rittau gained lasting fame for his work as cinematographer on Lang's *Nibelungen* and *Metropolis*, while Schneeberger usually worked on outdoor films, in particular mountain films combining thrilling documentary footage of alpine grandeur with the human element of climbers and skiers in peril.

THE CAST

A popular misconception about the ensemble of actors in *The Blue Angel* is that Sternberg discovered them all, except for Emil Jannings (who by then was already an internationally known star), and brought them together for the first time. The truth is that these actors were not novices: they all had substantial experience in film, and a number of them had worked together before.

Emil Jannings had worked in Hollywood with Sternberg (*The Last Command*, 1928) and had been the recipient of the first Academy Award ever given for best performance by an actor. The collaboration of Sternberg and Jannings at the Ufa studios would not have materialized had not the coming of sound ended Emil Jannings' career in Hollywood, as it did those of many other foreign stars. Jannings' career ultimately terminated with the fall of Germany in 1945 because of his prominence in the Third Reich.

Hans Albers, who was cast as Mazeppa the Strong Man, had been prominent on stage and screen since 1911, and he carried his image of irresistibility to women from his previous roles into his Mazeppa part. He appeared regularly in German films and worked occasionally in Sweden.

The Blue Angel was Albers' ninety-fifth film. When it went into production, he was starring in Georg Kaiser's musical stage review *Zwei Krawatten,* which also featured two others who were to work with Albers in *The Blue Angel,* Marlene Dietrich and Rosa Valetti.

Hans Albers' good-natured lack of artistic pretension and his nonpartisan politics made his career one of the most durable in the history of German film. He continued working during the Third Reich even though he refused to divorce his Jewish wife, who was domiciled in London during the war. He continued to be employed on stage and screen after the political change in 1945.

Kiepert, the magician and manager of the travelling troupe, is portrayed by Kurt Gerron, an actor who had worked in films since the early 1920s. By 1931, Gerron was almost exclusively a film director. His German film career ended with the birth of the Third Reich. An ironic epilogue to Gerron's creative career in the film industry came as an assignment to direct a documentary-style film in dread Theresienstadt, showing the world how humanely concentration camp inmates were treated. After completing that film, *Der Führer schenkt den Juden eine Stadt* (1944), Gerron and others involved in the production were taken to Auschwitz and killed.

Various myths and assumptions surround Marlene Dietrich's film career and affect an evaluation of it and an assessment of her contribution to *The Blue Angel.* One is that Sternberg discovered her when she appeared in the stage review *Zwei Krawatten.* A contemporary critic, Herbert Ihering, wrote about her in this play: „ . . . spielt Marlene Dietrich, reizend anzusehen, in einer leider nicht sehr ergiebigen

Rolle die Amerikanerin."[8] This same reviewer had praised Dietrich's „delikate Haltung" and „müde Eleganz" in his review of an earlier play.[9] Prior to Sternberg's "discovery" of her, Marlene Dietrich had appeared in seventeen films, often in smaller parts, and sometimes in films which lacked the quality and the production values of *The Blue Angel.* If Sternberg did not discover Marlene Dietrich, he did radically change her image, creating the alluring screen presence "Marlene Dietrich."

THE DIRECTOR

Of all the contributions to the success of *The Blue Angel,* that of its director is the most difficult to assess. Evaluation is hampered by his own extravagant claims and by the rather delicate position he occupied at Ufa. After Alfred Hugenberg assumed control in 1927, the Universum-Film A. G., the most prestigious German studio until its dismantling in 1945, reflected the growing wave of nationalism in its films. Sternberg arrived as an American director to launch one of its prestige productions, a landmark in the development of sound film. Not only was Sternberg a foreigner, but the film's theme smacked of social criticism.

Born in Vienna, Sternberg migrated with his parents at a very early age to the United States. Although the predicate of nobility *von* in his name may have conveyed the impression to some that he was a European director, Sternberg's training and experience, until the *Blue Angel* production, had been in Hollywood. All of his major films had been distributed by Paramount, a studio bound to Ufa by a 1926 mutual distribution contract. Particularly important were his *Underworld* (1927), an early example of the gangster film genre which won an Academy Award for Ben Hecht's original story, and *The Last Command* (1928), an unhappy but successful collaboration of Sternberg and Jannings. *The Docks of New York*

[8] Herbert Ihering, *Von Reinhardt bis Brecht: Vier Jahrzehnte Theater und Film* (Berlin: Aufbau-Verlag, 1961), vol. II, pp. 426–27.
[9] Ihering, p. 339.

(1929) was a masterpiece in the manner that was to become Sternberg's trademark, a highly visual exoticism, which culminated in his *Scarlet Empress* (1934).

As visually oriented as Sternberg was, he did not display the hostility toward sound that other accomplished silent film directors had. Sternberg concentrated on the filming of breathtakingly beautiful interplays of light and shadow, creating a world of chiaroscuro unequalled anywhere (and not always discernible in available 16mm prints). To our contemporary sensibilities, the visual beauty of Sternberg's films is often marred by melodramatic plots, but this was not of great concern to the director, who conceived film as a photographer's medium.[10]

From the mid-1930s on, Sternberg's career declined, the decline coinciding roughly with the dissolution of the Sternberg-Dietrich team which had functioned so well in seven films, ending with *The Devil is a Woman* in 1935. The temper and tastes of the times conflicted politically and aesthetically with Sternberg's philosophy as a filmmaker: "The ideal film, if I ever make it, will be completely synthetic."[11]

Sternberg fought through most of his career against the need for his films to be real: "I do not value the fetish for authenticity. I have no regard for it. On the contrary, the illusion of reality is what I look for, not reality itself. There is nothing authentic about my pictures. Nothing at all. There isn't a single authentic thing."[12]

Toward the end of his life, Sternberg summed up his contributions to the films he had directed: "In every film of mine there are many things I like. I tried my best to assemble my material in order to create a favorable atmosphere for a

[10] Filmmaker Jack Smith pointed out Sternberg's growing weariness with the nonvisual aspects of film: "I don't think V. S. knew that words were in his way, but he felt it—neglected them, let them be corny and ridiculous, let them run to travesty—and he invested his images with all the care he rightfully denied the words." "Belated Appreciation of V. S.," *Film Culture,* No. 31 (1963–1964), p. 4.

[11] Sternberg as quoted in Peter Bogdanovich, "Josef von Sternberg," *Movie,* No. 13 (Summer 1965), p. 23.

[12] Sternberg in an interview with Kevin Brownlow in his *The Parade's Gone By . . .* (New York: Alfred A. Knopf, 1968), p. 202.

happy accident. If the accident occurs and it surprises me I am very happy about it." In the case of *The Blue Angel,* Sternberg's "happy accident" created one of the masterpieces of world film.

Der blaue Engel

Ein Ufaton-Film der Erich Pommer Produktion.*

Frei nach dem Roman *Professor Unrat* von Heinrich Mann
unter Mitwirkung des Autors für den Tonfilm geschrieben
von Carl Zuckmayer und Karl Vollmöller.

Drehbuch: Robert Liebmann

Regie: Josef von Sternberg

Komponist: Friedrich Holländer

Orchester: Weintraubs-Syncopators

Bild (Kamera): Günther Rittau und Hans Schneeberger

Ton: Fritz Thiery

Bauten: Otto Hunte und Emil Hasler

Darsteller:

PROFESSOR IMMANUEL RATH	Emil Jannings
LOLA LOLA	Marlene Dietrich
KIEPERT, ZAUBERKÜNSTLER	Kurt Gerron

* Spelling, hyphenation, and the order in which the credits are presented
here are the same as in the original Ufa print. Spellings vary from published
English versions of the script.

GUSTE, DESSEN FRAU	Rosa Valetti
MAZEPPA	Hans Albers
DER CLOWN	Reinhold Bernt
DER REKTOR	Eduard von Winterstein
DER PEDELL	Hans Roth

GYMNASIASTEN

ANGST	Rolf Müller
LOHMANN	Rolant Varno
ERTZUM	Karl Balhaus
GOLDSTAUB	Robert Klein-Lörk
DER WIRT DES „BLAUEN ENGEL"	Karl Huszar-Puffy
DER KAPITÄN	Wilhelm Diegelmann
DER POLIZIST	Gerhard Bienert
RATHS WIRTSCHAFTERIN	Ilse Fürstenberg

Der blaue Engel

irgendwo somewhere

schwenken to pan with the camera (to move the camera
   horizontally)   **morgendlich** = am Morgen geschehend
dunstig misty, hazy   **verschwimmen** to blur
malerisch picturesque
märchenartig = wie in einem Märchen
der Rolladen metal shutter

das Plakat the poster   **die Sängerin** the female singer
der Eimer the bucket   **schütten** to pour

gespreizt spread   **sich umdrehen** to turn around
   nachahmen to imitate

einblenden the film cuts to an object or person
   das Namensschild the nameplate
das Treppenhaus the stairwell
die Wirtschafterin the housekeeper   **in Empfang nehmen** to
   receive
vorbeieilen to rush past
nachsehen (+ dat.) to follow with one's eyes   **rasch** = schnell
die Flasche the bottle

der Flur hallway   **das Tablett** serving tray
das Frühstücksgedeck breakfast dishes   **gießen** to pour

Ort   Eine Kleinstadt irgendwo in Deutschland
Zeit   Das Jahr 1925

Die Kamera schwenkt über die Dächer der morgendlich
erwachenden Kleinstadt. Der dunstige, verschwommene und
malerische Ton der Aufnahme schafft eine unrealistische, fast   5
märchenartige Atmosphäre. Auf dem Marktplatz werden Gänse
zum Verkauf in Kisten geladen. Der Rolladen eines
Zigarrengeschäfts auf der anderen Straßenseite wird von einer
Frau hochgezogen; im Fenster erscheint ein Plakat der Sängerin
Lola Lola. Die Frau nimmt ihren Eimer und schüttet das Wasser   10
gegen das Fenster. Ehe sie zu putzen anfängt, betrachtet sie die
gespreizten Beine der Sängerin näher, dreht sich um und ahmt die
abgebildete Pose nach.

Eingeblendet wird das Namensschild an einer Wohnungstür, auf
dem der Name „Prof. Dr. Rath" in großen Buchstaben geschrieben   15
steht. Das ganze Treppenhaus wird jetzt sichtbar. Raths
Wirtschafterin steht vor der Tür und nimmt die morgendliche
Milch von einem vorbeieilenden kleinen Mädchen in Empfang.
Die Wirtschafterin sieht dem Mädchen nach, das rasch eine
Flasche Milch vor die Nachbartür stellt und dann die Treppe   20
hinuntereilt.

Im Flur der Wohnung stellt die Wirtschafterin das Tablett mit dem
Frühstücksgedeck auf einen kleinen Tisch und gießt die frische

der Sahnegießer cream pitcher
das Arbeitszimmer library/office at home

eintreten to enter   **innerhalb** within
der Raum = das Zimmer   **von der Kamera erfaßt
werden** seized or recorded by the camera
eine weitere Tür = eine andere Tür   **anklopfen** to knock

's Frühstück = das Frühstück

sich an einen Tisch begeben = an einen Tisch gehen
der Stapel stack
beiseiteschieben to push aside   **aufdecken** to uncover
vor sich hinschimpfen to mutter complaints

der Zigarrenstummel cigar butt   **verpesten** to pollute

der Augenblick moment
sich umschauen = sich umsehen
die Jackentasche the coat or jacket pocket   **zögern** to
hesitate
der Schreibtisch desk   **das Notizbuch** notebook
blättern to leaf

*Milch in einen Sahnegießer. Das Tablett balancierend öffnet sie
die Tür des Arbeitszimmers.*

*Das Eintreten der Wirtschafterin wird von der Kamera innerhalb
des Raumes erfaßt. Die Wirtschafterin geht durch das Zimmer an
eine weitere Tür und klopft an.*   5

WIRTSCHAFTERIN   Herr Professor, 's Frühstück.

*Sie begibt sich an einen Tisch in der Mitte des Zimmers. Um das
Tablett hinstellen zu können, muß sie erst Stapel von Büchern und
Papieren beiseiteschieben. Während sie Raths Frühstück aufdeckt,
schimpft sie leise vor sich hin.*   10

WIRTSCHAFTERIN   Zigarrenstummel, alles verpestet!

*Sie verläßt das Zimmer; im gleichen Augenblick kommt Rath durch
die andere Tür herein. Er schaut sich im Zimmer um, sucht etwas
in seiner Jackentasche und geht nach kurzem Zögern an seinen
Schreibtisch. Er nimmt ein kleines Notizbuch, blättert darin und*   15

die Taschenuhr pocketwatch
der Kaffee coffee   **pfeifen** to whistle

der Vogelkäfig birdcage   **die Morgensonne** morning sun
erscheinen appear   **schmunzeln** to grin or smile broadly
der Zuckerwürfel sugar cube
das Vögelchen = der kleine Vogel   **streicheln** to caress
liebevoll tenderly

überlegen to contemplate

sowieso in any case

werfen to throw
starren to stare   **fassungslos** stunned
den für den Vogel bestimmten Zuckerwürfel the sugar cube
  intended for the bird
schließlich = endlich
rühren to stir
senken to lower   **das Haupt** = der Kopf

Fragen

1. Wie sieht die Stadt aus?
2. Was wird auf dem Marktplatz getan?
3. Was macht die Frau mit dem Plakat der Lola Lola?
4. Welchen Titel hat Rath?
5. Wohin eilt das Mädchen?
6. Was serviert die Wirtschafterin?

steckt es in seine Jackentasche. Nachdem er erst noch schnell auf seine Taschenuhr geschaut hat, setzt er sich, um zu frühstücken. Beim Eingießen des Kaffees dreht er sich um und pfeift, ebenso beim Eingießen der Milch.

Ein Vogelkäfig hängt am Fenster. Im Licht der Morgensonne 5 *scheint er leer zu sein. Rath nimmt schmunzelnd einen Zuckerwürfel, geht pfeifend zum Käfig und öffnet ihn langsam. Er holt ein totes Vögelchen heraus und streichelt es liebevoll. Die Wirtschafterin kommt wieder ins Zimmer und stellt den Rest des Frühstücks auf den Tisch. Danach geht sie zu Rath hinüber, der* 10 *noch immer seinen toten Vogel streichelt. Ohne lange zu überlegen, nimmt sie ihm den toten Vogel aus der Hand.*

WIRTSCHAFTERIN Na, gesungen hat er sowieso nicht mehr.

Sie wirft den Vogel in den Ofen bei der Tür und verläßt das 15 *Zimmer. Rath starrt fassungslos auf den Ofen. Als er zum Frühstückstisch zurückgeht, hält er noch immer den für den Vogel bestimmten Zuckerwürfel in der Hand. Schließlich wirft er den Zuckerwürfel in seinen Kaffee und rührt traurig und mit gesenktem Haupte in seiner Tasse.* 20

---

7. Worüber schimpft sie?
8. Was macht Rath nachdem er in sein Zimmer kommt?
9. Was ist dem Vogel passiert?
10. Wie reagiert die Wirtschafterin, und wie reagiert Rath auf den Tod des Vogels?

in dem Rath erwartet wird   where Rath is expected
versammeln   to gather
der Primus   usually the best student of a class who frequently
aided the teacher; later called: der Klassenschüler
pflichtgetreu   dutifully   **den anderen ... zuwerfend**   from
time to time casting intimidated glances at the others
die Gruppe   group   **sich drängen**   to crowd
allgemein   general   **die Bewunderung**   admiration
hin und wieder = manchmal
blasen   to blow   **überlassen**   to relinquish
gönnerhaft   patronizingly   **das Vergnügen**   pleasure
der Mitschüler   fellow student
erwartungsvoll   expectantly   **nach vorne drängen**   to push
forward
weggehen   to leave, go away
sich lösen   to detach oneself   **auf allen Vieren schleichen**   to
crawl on all fours
das Katheder   teacher's or professor's desk   **vorsichtig**
carefully   **bemerken**   to notice
entwenden = widerrechtlich nehmen   **das Klassenbuch**   class
log   **würdevoll**   dignified
der Unrat   garbage, excrement   **hinzufügen**   to add
der Unglückliche   hapless one
die Totale   long shot
der Schulgang   way to school   **vorbereiten**   to prepare
ordentlich   orderly
verharren   to remain
die Kirchturmuhr   clock in the church tower
das Glockenspiel   carillon   **„Üb' immer Treu und
Redlichkeit"**   poem by Hölty which became a German
folksong. (For complete text see Appendix.)

*Eingeblendet wird das Klassenzimmer, in dem Rath erwartet wird.
Die Schüler haben sich alle am Fenster versammelt, nur einer
nicht, der Primus Angst. Dieser wischt pflichtgetreu die Tafel, den
anderen ab und zu verschüchterte Blicke zuwerfend. Die Gruppe
drängt sich um Lohmann, der den anderen Schülern ein Bild von*   5
*Lola Lola zur allgemeinen Bewunderung hinhält. Hin und wieder
bläst er auf das Bild und überläßt gönnerhaft dem einen oder
anderen dieses Vergnügen. Einer seiner Mitschüler drängt sich
erwartungsvoll nach vorne.*

LOHMANN   Geh' weg!   10

*Goldstaub löst sich von der Gruppe und schleicht auf allen Vieren
zum Katheder des Professors. Vorsichtig, um nicht bemerkt zu
werden, entwendet er das Klassenbuch, auf dem würdevoll der
Name seines Lehrers steht. Er schreibt vor den Namen ,,Rath" die
Buchstaben ,,Un" (der Name lautet nun ,,Unrath") und fügt noch*   15
eine Karikatur des Unglücklichen hinzu.

*Totale des Treppenhauses vor Raths Wohnung. Rath bereitet sich
auf seinen morgendlichen Schulgang vor. Seine Wirtschafterin
schaut nach, ob seine Kleidung ordentlich ist. Indem er die Treppe
hinuntergeht verharrt er nach ein paar Schritten. Er sucht etwas*   20
*in seiner Tasche, dreht sich um, um wieder zurück zu gehen, findet
aber doch was er suchte, und geht weiter. Aus der Ferne hört man
die Kirchturmuhr mit dem Glockenspiel ,,Üb' immer Treu und*

der Ton   sound
vorbeiziehen   to pass

Die Ruhe   silence

anrempeln   to bump into somebody
stürzen   to fall; here: to enter hastily

Achtung!   attention!
der Olle = der Alte

eilen   to hurry
die Stille = die Ruhe
der Anmarsch   advance

bedächtig   deliberate   **nicht aus den Augen lassend**   not
   letting . . . out of one's sight
das Taschentuch   handkerchief
sich schneuzen   to blow one's nose   **abwischen**   to wipe off
umständlich   fussily
die Zeichnung   drawing
versteinert   petrified   **das Pult**   desk
der Brillenrand   rim of the glasses   **unschuldig**   innocent

gezwungen   forced   **idiotisch**   idiotic   **lächeln**   to smile
sich erheben = aufstehen

nach vorne eilen   to rush forward
der Radiergummi   eraser

Redlichkeit." Nach den ersten Tönen werden die Figuren der Uhr sichtbar. Als die letzte Figur vorbeigezogen ist, schlägt es 8 Uhr.

Beim Schlagen der Uhr wird in Totale das Klassenzimmer sichtbar, in dem Rath noch immer erwartet wird. Angst, der Primus, steht an der Tafel.

ANGST   Ruhe! ... Ruhe! ...

Keiner hört auf ihn. Er wird angerempelt und fällt fast hin. Da stürzt Goldstaub ins Zimmer.

GOLDSTAUB   Achtung! ... Ruhe! ... Ruhe! ... Achtung, der Olle kommt!

Sofort eilt jeder an seinen Platz und setzt sich. Es herrscht nun erwartungsvolle Stille. Der Korridor wird eingeblendet und man sieht Rath im Anmarsch. Er zieht seinen Mantel aus und geht an die Klassenzimmertür. Von innen sieht man ihn das Klassenzimmer betreten und ans Katheder gehen.

RATH   Setzen!

Bedächtig legt er seine Bücher hin. Die Klasse nicht aus den Augen lassend, zieht er ein Taschentuch aus seiner Jackentasche und schneuzt sich laut, wischt sich die Nase ab und steckt das Tuch umständlich in eine andere Tasche. Als er das Klassenbuch an sich nehmen will, bemerkt er Goldstaubs Zeichnung. Wie versteinert sitzt Angst hinter seinem Pult. Rath starrt die Klasse über seinen Brillenrand hinweg an. Goldstaub sieht unschuldig zum Fenster hinaus, während Lohmann Rath betrachtet. Raths Blick fällt auf Angst, der ihn gezwungen und idiotisch lächelnd erwidert. Rath erhebt sich.

RATH   Angst, kommen Sie her!

Angst eilt nervös nach vorne. Rath hält ihm das Klassenbuch und einen Radiergummi hin.

entfernen to remove

hämisch spiteful   **erstarren** to be paralyzed by fear
zurechtrücken to adjust   **die Krawatte** necktie
gelangweilt bored   **die Decke** ceiling
   die Däumchen drehen to twiddle one's thumbs
radieren to erase   **stottern** to stutter

schweigen to be silent

aus der Hand reißen to seize from someone's hand
   grinsen to grin
höhnisch scornful   **die Genugtuung** satisfaction
zuwenden to turn towards

stehenbleiben to stop

brüllen to roar   **anspucken** to spit at

flüstern to whisper

Zähne auseinander! Keep your teeth apart; keep your mouth
   wide open!

RATH   Entfernen Sie dies!

Angst nimmt Buch und Radiergummi und sieht dabei Goldstaub und Lohmann an. Raths Blick folgt dem des Schülers. Goldstaub, der hämisch gelächelt hatte, erstarrt, als er Raths Blick spürt. Lohmann rückt inzwischen seine Krawatte zurecht, sieht gelangweilt an die Decke und dreht die Däumchen. Angst, inzwischen mit dem Radieren fertig, stottert als er das Klassenbuch zurück gibt.   5

ANGST   Herr Professor . . .
RATH   Schweigen Sie, setzen Sie sich!   10

Er reißt Angst das Klassenbuch aus der Hand. Goldstaub grinst mit höhnischer Genugtuung. Rath blättert im Klassenbuch und wendet sich dann langsam den Schülern zu.

RATH   So, meine Herren, nun wollen wir mal sehen, was Sie noch gelernt haben. Also, wir sind gestern stehen   15
geblieben . . . „Hamlet," Act the Third, Scene One. (*Rath sieht sich um.*) Ertzum!
ERTZUM   (*springt sofort auf*)
RATH   Nun . . . nun? To be . . . eh . . . To be or not to be.
ERTZUM   (*stotternd*) To be or not to be, zat . . . is . . . ze . . .   20
RATH   Halt! Falsch! (*geht hinunter zu Ertzum*) Sie können ja noch nicht einmal den englischen Artikel aussprechen! Sprechen Sie mir nach: „the."
ERTZUM   Ze.
RATH   (*brüllend und Ertzum anspuckend*) The!   25
ERTZUM   (*auch brüllend und dabei Rath anspuckend*) Ze!
RATH   (*nun flüsternd*) The.
ERTZUM   Ze.
RATH   The!
ERTZUM   Ze.   30
RATH   (*brüllend*) The!
ERTZUM   Ze.
RATH   Zähne auseinander! (*Er steckt Ertzum den Bleistift in den Mund.*) The!

mit den Schultern zucken to shrug one's shoulders

der Aufsatz composition
die Grabrede funeral oration

die Hände auf dem Rücken ineinandergelegt his hands folded
  behind his back
„**Ännchen von Tharau**" a poem thought to have been written by
  the Baroque poet Simon Dach (see Appendix).

das Gut goods, property

abschreiben to copy, to cheat on a test **voneinander** from
  each other
sich beugen to bend over
vertieft sein to be engrossed in

gesinnet = gesinnt; "minded," disposed (to do something)
  stahn = stehen
die Krankheit sickness **die Verfolgung** persecution
  die Betrübnis = die Traurigkeit
die Verknotigung = der Knoten; knot, tie

das Bild aus der Hand reißen to tear the picture from his hand

erschrocken alarmed **grimmig** furiously

ERTZUM   (*mit Bleistift im Mund*) Ze.

RATH   The!

ERTZUM   Ze.

RATH   (*Er zuckt mit den Schultern und zieht den Bleistift aus Ertzums Mund.*) Setzen! (*Er geht an sein Katheder zurück.*) Aufsätze heraus! Also schreiben Sie: „Julius Cäsar. Was wäre geschehen, wenn Mark Anton die Grabrede nicht gehalten hätte?"

Die Hände auf dem Rücken ineinandergelegt, geht Rath ans Fenster und öffnet es. Durch das offene Fenster hört man die Melodie „Ännchen von Tharau," von einer Mädchenklasse gesungen:

Ännchen von Tharau ist's, die mir gefällt,
Sie ist mein Leben, mein Gut und mein Geld.

Ännchen von Tharau hat wieder ihr Herz
Auf mich gerichtet in Lieb' und in Schmerz.

Ännchen von Tharau, mein Reichtum, mein Gut,
Du meine Seele, mein Fleisch und mein Blut!

Hinter Raths Rücken schreiben viele voneinander ab. Goldstaub beugt sich über Lohmanns Schulter, da dieser wieder in sein Bild von Lola Lola vertieft ist.

Komm'n alle Wetter gleich auf uns zu schlahn,
Wir sind gesinnet, beieinander zu stahn.

Krankheit, Verfolgung, Betrübnis und Pein
Soll unsrer Liebe Verknotigung sein.

Rath bermerkt dies, geht zu Lohmann hinüber und reißt ihm das Bild aus der Hand.

Ännchen von Tharau, mein Reichtum, mein Gut,
Du meine Seele, mein Fleisch und mein Blut!

Rath sieht das Bild erschrocken an, dann wendet er sich grimmig

zuknallen to slam shut
wütend enraged

recht (hier) = so wie

sich an jemanden wenden to turn to someone

Wir sprechen uns noch! We are not through yet!

ausblenden to fade out

jemandem ein Bein stellen to trip someone
der Inhalt contents   **die Mappe** briefcase   **verstreuen** to
scatter   **der Lärm** noise
aufmerksam werden to take notice   **entdecken** to discover
ausbreiten to spread out

Fragen

1. Wie heisst der Primus der Klasse?
2. Was macht der Primus pflichtgetreu?
3. Warum drängen sich die anderen Schüler um Lohmann?
4. Was macht Goldstaub mit dem Klassenbuch?
5. Welches Lied hört man vom Glockenspiel?
6. Warum stürzt Goldstaub ins Zimmer?
7. Was macht Rath nachdem er das Klassenzimmer betritt?
8. Was muss Angst tun?
9. Welche Sprache lehrt Rath?

*Lohmann zu. Nach einigen Sekunden dreht er sich weg und knallt
wütend das Fenster zu:*

Recht als ein Palmbaum hoch über sich steigt . . .

*Rasch geht Rath an sein Katheder zurück. Während er sich setzt,
läßt er Lohmann nicht aus den Augen.*   5

RATH   Stehen Sie auf!

*Rath betrachtet noch einmal das Bild, steckt es dann in sein
Notizbuch und wendet sich wieder an Lohmann.*

RATH   Setzen Sie sich! Wir sprechen uns noch!

Er steckt das Notizbuch in seine Jackentasche und nimmt sein   10
*Taschentuch zum zweiten Mal heraus. Wie zu Beginn des
Unterrichts, schneuzt er sich geräuschvoll. Nun ist es Angst, der
mit Genugtuung grinst. Langsam wird das Klassenzimmer
ausgeblendet. Am Schuleingang werden Lohmann und Ertzum
sichtbar. Sie haben sich geduckt hinter der Tür versteckt. Rath tritt*   15
*heraus, gefolgt von Angst. Sobald der Primus in der Tür erscheint,
wird ihm von Ertzum ein Bein gestellt. Er fällt auf die Nase, der
Inhalt seiner Mappe wird verstreut. Rath, durch den Lärm
aufmerksam geworden, wendet sich seinem Primus zu und entdeckt
unter Angsts ausgebreiteten Sachen zwei Bilder der Sängerin Lola*   20
Lola. Abblende.

---

10. Welches Theaterstück liest die Klasse?
11. Was kann Ertzum nicht aussprechen?
12. Über welches Theaterstück muss die Klasse schreiben?
13. Welches Lied singen die Mädchen?
14. Was machen die Schüler hinter Raths Rücken?
15. Was hält Lohmann in der Hand?
16. Wie reagiert Rath darauf?
17. Was passiert Angst am Schuleingang?
18. Was findet Rath unter Angsts Sachen?

bang afraid, fearful   **die Erwartung** expectation

sich schämen to be ashamed

lügen to lie
einer muß sie mir hier reingesteckt haben someone must have
  put them in here

nicht leiden können to dislike
mitmachen to go along

Heraus mit der Wahrheit! Let's have the truth!

*Eingeblendet wird der Flur von Raths Wohnung. Angst steht in
banger Erwartung, vor der Tür des Arbeitszimmers, während Rath
Hut und Mantel auszieht und aufhängt. Danach nimmt Rath ein
Buch und einige Papiere vom Tisch und zeigt auf die Tür.*

RATH Hinein!   5

*Sie betreten den Raum. Rath geht an Angst vorbei und setzt sich
an seinen Schreibtisch.*

RATH Hierher! Setzen Sie sich! (*Angst gehorcht.*) Also auch
Sie, mein Primus.
ANGST Herr Professor . . .   10
RATH Schweigen Sie! Schämen Sie sich garnicht?
ANGST Aber, Herr Professor . . .
RATH Still! Sehen Sie mich an! (*Angst gehorcht.*) Woher
haben Sie die Postkarte?
ANGST Ich weiß nicht . . .   15
RATH Lügen Sie nicht! Woher?
ANGST Einer muß sie mir hier reingesteckt haben.
RATH So, und das soll ich Ihnen glauben?
ANGST Die können mich alle nicht leiden, weil ich nachts
nicht mitmache.   20
RATH Was machen Sie nicht mit?
ANGST Die anderen . . .
RATH Heraus mit der Wahrheit!

das Frauenzimmer derogatory term for woman

das Erstaunen astonishment

nachschauen = nachsehen   **hinausschleichen** to sneak out
sich verbeugen to bow   **zurückbleiben** to remain, stay
  behind
betrachten = ansehen   **sich vergewissern** to make sure

sich widmen to devote oneself
die Feder feather
der Schenkel thigh

Fragen

1. Warum „besucht" Angst seinen Lehrer?
2. Wie fühlt sich Angst vor Raths Arbeitszimmertür?
3. Warum soll sich Angst schämen?
4. Wie verteidigt sich der Primus?

ANGST   Die anderen sitzen jede Nacht im „Blauen Engel."
Mit Frauenzimmern.

RATH   Wo?

ANGST   Im „Blauen Engel." (*Rath sieht Angst mit sprachlosem
Erstaunen an.*)

RATH   Im „Blauen Engel"? (*Er betrachtet lange Lola Lolas
Bild. Endlich wendet er sich wieder Angst zu.*) Gehen Sie! Wir
sprechen uns noch!

*Rath schaut Angst nach, wie sich dieser hinausschleicht. An der
Tür verbeugt sich Angst und geht. Allein zurückgeblieben,
betrachtet Rath die Bilder. Um sich zu vergewissern, daß er auch
wirklich allein ist, schaut er erst zum Fenster, dann zur Tür und
widmet sich schließlich wieder den Bildern. Wie es schon seine Schüler
gemacht hatten, bläst er die Federchen, die Lolas Rock bilden und
ihre Schenkel verdecken, beiseite. Abblende.*

---

5. Warum können die anderen Schüler Angst nicht leiden?
6. Wo sitzen die Schüler des Gymnasiums jeden Abend?
7. Wie verläßt Angst Raths Zimmer?
8. Was macht Rath nach Angsts Abgang?

die Bühne stage
die Reihe row   **die Tänzerin** dancer
der Bierkrug beer mug

fesch attractive
der Liebling darling
das Pianola player-piano
in mein' Salon = in meinem Salon

der Zwischenruf exclamation (from the audience)
  das Eisbein pig's knuckles

da laß ich keinen 'ran = da lasse ich keinen heran, I don't let
  anyone get near (it)
ertönen to sound
das Lokal restaurant, bar   **das Pilsner** (Bier) a light beer
abwischen to wipe off   **burschikos** tomboyish

wer = jemand   **begleiten** to accompany   **der Saal** large
hall   **die Seite** side   **die Saite** instrument string (The
song „Ich bin die fesche Lola" consists of a series of puns on
musical terms and Lola's defense against aggressive
men.)   **tret' ihm uf's Pedal** = trete ihm auf das Pedal, step
on his pedal (foot)

*Es ist inzwischen Abend geworden. Lola singt auf der Bühne des
„Blauen Engel" vor einer Reihe dicker Tänzerinnen, die mit
Bierkrügen in der Hand zuhören.*

LOLA (*singt*)
   Ich bin die fesche Lola,   5
   Der Liebling der Saison.
   Ich hab' ein Pianola
      zu Haus' in mein' Salon.
   Ich bin die fesche Lola

(Es ertönen Zwischenrufe: „Eisbein mit Sauerkraut.")   10

   Mich liebt ein jeder Mann,
   Doch an mein Pianola,
      da laß ich keinen 'ran.

*Lola setzt sich und trinkt ein Glas Bier. Wieder ertönen Rufe aus
dem Lokal: „Ein Pilsner! Ein Pilsner, jawohl. Danke." Lola*   15
erhebt sich, wischt sich burschikos den Mund ab und singt weiter:

LOLA (*singt*)
   Doch will mich wer begleiten
   Da unten aus dem Saal,
   Dem hau' ich in die Seiten (Saiten)
                                  20
   Und tret' ihm uf 's Pedal.

wechseln to change   **nächtlich** nocturnal
anhalten = stehen bleiben   **die Laterne** street light
die Kundschaft customers   **die Dirne** prostitute
der Hauseingang house entrance   **beobachten** to observe
den Kragen hochstellen to turn up one's collar

ich such(e) mir (et)was aus I am picking out something (here:
someone)

die Leberwurst liverwurst   **mit Beilage** with vegetables

Die Szene wechselt zur nächtlichen Straße. Rath geht allein die
Straße entlang und hält unter einer Laterne an, als ob er sich des
Weges nicht sicher sei. Eine auf Kundschaft wartende Dirne steht
in einem Hauseingang und beobachtet ihn. Als Rath schnell seinen
Kragen hochstellt und rasch davoneilt, muß sie laut lachen. Aus   5
einem Lokal wird eine Melodie hörbar:

> Es war einmal ein Liebespaar,
> Die liebten sich ein ganzes Jahr,
> Ein ganzes Jahr und noch viel mehr,
> Die Liebe nahm kein Ende mehr.   10

Das Bild wechselt zurück in den ,,Blauen Engel." Guste steht auf
der Bühne und singt:

GUSTE   *(singt)*
> Kinder, heut' abend da such' ich mir was aus,
> Einen Mann, einen richtigen Mann.   15

(Zwischenrufe aus dem Lokal: ,,Einmal Leberwurst mit Beilage.")

die Garderobe   dressing room   **sich schminken**   to apply
makeup
der Gesang = das Lied

glühen   glow
das Feuer   fire   **sprühen**   sparkle

die Richtung   direction

das Treiben   bustle, activity
lehnen   lean   **rauchen**   smoke
die Theke   bar, counter

der Sperling   sparrow   **der Duft**   scent
der Blütenkelch   calyx or cup of a flower

zum Hals heraushängen   to be fed up with

spähen   to watch   **der Abschluß**   conclusion   **die Strophe**
= der Vers

kräftig = stark

Kinder, heut' abend da nehm' ich mir nach Haus'
Einen Mann, einen richtigen Mann.

*Lolas Garderobe wird eingeblendet. Lola schminkt sich, wobei ihr
Lohmann, Ertzum und Goldstaub zuschauen. Von der Bühne hört
man Gustes Gesang:*   5

Einen Mann, dem das Herze noch in Liebe glüht,
Einen Mann, dem das Feuer aus den Augen sprüht,
Einen Mann, einen richtigen Mann.

*Die nächtliche Straße, auf der Rath noch in Richtung des „Blauen
Engel" geht, wird sichtbar.*   10

*Totale des Treibens im „Blauen Engel." Dort begibt sich Lola auf
die Bühne für eine weitere Nummer. Die drei Schüler lehnen
rauchend und trinkend an der Theke.*

LOLA   (*singt*)
Frühling kommt, der Sperling piept, Duft aus   15
   Blütenkelchen,
Bin in einen Mann verliebt und weiß nicht in welchen,
Ob er Geld hat, ist mir gleich,
Denn mich macht die Liebe reich.
Kinder, heut' abend da such' ich mir was aus   20
Einen Mann, einen richtigen Mann.
Kinder, die Jungs hängen mir schon zum Halse raus.
Einen Mann, dem das Herze noch in Liebe glüht,
Einen Mann, dem das Feuer aus den Augen sprüht,
Kurz, einen Mann, der noch küssen will und kann,   25
Einen Mann, einen richtigen Mann.

*Während der letzten zwei Zeilen des Liedes hat Rath durch das
Fenster in den „Blauen Engel" gespäht. Bei Abschluß der Strophe
betritt er das Lokal.*

LOLA   (*singt*)   30
Männer gibt es dünn und dick, gross und klein und
   kräftig.

schüchtern timid   **heftig** violent
wie er aussieht (ist) mit egal I don't care what he looks like
irgendeinen trifft die Wahl somebody is chosen

die Menge crowd

meen Kleene = meine Kleine

hier sitzt die Lohntüte here sits the paycheck

der Scheinwerfer spotlight
streichen sweep over   **spielerisch** playfully
    anstrahlen to spotlight
der Lichtkreis circle of light   **verlegen** embarrassed
überheblich arrogant

gelassen calmly
der Ausschank bar   **der Wirt** (der Gastwirt) innkeeper
vierschrötig heavyset   **sich ergötzen** to take delight in
    ausgelassen exuberant
erkennen to recognize
die Kulisse scene, backdrop

flüchten to flee

And're wieder schön und chic, schüchtern oder heftig.
Wie er aussieht—mir egal
Irgendeinen trifft die Wahl.

Während des Liedes drängt sich Rath durch die Menge. Sowie
Lola die letzte Strophe gesungen hat, hört man Zwischenrufe aus   5
dem Publikum: „Hier bin ich meen Kleene . . . hier sitzt noch
was . . . hier Kleine, hier sitzt noch was . . . mir auch mal
. . . mir auch 'n bißchen . . . hier, Lola, hier sitzt die
Lohntüte."

Lola geht lächelnd zu einem Scheinwerfer und läßt seinen Strahl
über das Publikum streichen. Spielerisch strahlt sie schließlich den   10
Professor an. Im Lichtkreis dreht sich Rath zu ihr um, verlegen
und doch überheblich. Lola singt weiter:

Kinder, heut' abend, da such' ich mir was aus,
Einen Mann, einen richtigen Mann.
Kinder, die Jungs häng' mir schon zum Halse heraus,   15
Einen Mann, einen richtigen Mann.

Rath sieht zur Theke hinüber, von wo aus Goldstaub gelassen
der Sängerin zuschaut. Am Ausschank steht der Wirt, ein
vierschrötiger Mann, und ergötzt sich am Lärm des ausgellassenen
Publikums. Plötzlich erkennt Goldstaub seinen Lehrer und rennt   20
hinter die Kulissen.

LOLA (*singend*) Einen Mann, dem das Feuer aus den
   Augen glüht,
RATH (*erkennt seinen flüchtenden Schüler und brüllt durch's*
   Lokal) Halt! Stehenbleiben!   25
LOLA (*singend*) Einen Mann, dem das Feuer aus den
   Augen sprüht.

Fragen ───────────────────────────────────

1. Was sieht man zuerst auf der Bühne des „Blauen Engel"?
2. Wer ist hinter Lola?
3. Wie beschreibt sich Lola in ihrem Lied?
4. Was trinkt Lola während sie singt?
5. Was passiert jemandem der Lola begleiten will?
6. Wer beobachtet Rath auf dem Weg zum „Blauen Engel"?
7. Was hört man aus einem Lokal?
8. Wen will Guste sich aussuchen?
9. Durch was wird Guste unterbrochen?
10. Was macht Lola in ihrer Garderobe?

11. Wer schaut ihr zu?
12. Was machen die drei Schüler während Lola singt?
13. Über welche Jahreszeit singt Lola?
14. Wer schaut durch ein Fenster in den „Blauen Engel"?
15. Wie soll der Mann aussehen den sich Lola wünscht?
16. Was macht Lola mit dem Scheinwerfer?
17. Wie reagiert Rath darauf?
18. Wen sieht Rath während er im Lokal steht?
19. Was schreit Rath dem Flüchtenden nach?

stürmen to storm   **der Bühneneingang** stage entrance
zusammenstoßen to collide   **absichtlich** purposely
  den Weg versperren to obstruct the way
das Zögern hesitation   **vorbeilassen** to let pass
die Verwirrung confusion
anspornen to spur on, urge
verwandeln to change   **aufreißen** to wrench open
das Entsetzen horror
peinlich berührt embarrassed

stumm mute   **bewegungslos** immobile   **der
  Beifall** applause
der Auftritt appearance   **anzeigen** to indicate
die Wendeltreppe spiral staircase
sich verbergen to hide oneself
der Spiegel mirror

die Augen verdrehen to roll one's eyes   **im Takt
  orientalischer Bauchtanzmusik** in the rhythm of oriental belly
  dance music

der Frisiertisch makeup table   **das Geräusch** noise

Rath stürmt zum Bühneneingang und stößt mit dem Clown zusammen, der ihm absichtlich den Weg zu versperren scheint. Nach kurzem Zögern aber läßt er Rath vorbei. Hinter den Kulissen sieht er sich in großer Verwirrung um. Von der Bühne hört man, wie Lola das Publikum zum Mitsingen anspornt und das Publikum sich in einen Chor verwandelt. Rath reißt die erste Tür auf, die er findet, und sieht zu seinem Entsetzer, daß er die Garderobentür der Tänzerinnen erwischt hat. Peinlich berührt schließt er schnell die Tür. Er geht durch die nächste Tür; sie führt in Lolas Garderobe. Der Clown erscheint in der Tür und schaut ihm stumm und bewegungslos zu. Man hört den Beifall von der Bühne, das Ende von Lolas Auftritt anzeigend. Rath eilt die Wendeltreppe von der Garderobe zu Lolas Schlafzimmer hinauf, um sich zu verbergen. Die Kamera zeigt Goldstaub, der ebenfalls versteckt ist. Der Clown sieht dessen Versteck von zwei Spiegeln reflektiert.   5   10   15

Auf der Bühne tritt eine dicke Künstlerin auf, die ihre Augen im Takt orientalischer Bauchtanzmusik verdreht.

Das Bild wechselt zur Garderobe. Lola betritt das Zimmer und geht an ihren Frisiertisch. Plötzlich hört sie ein Geräusch von der Wendeltreppe her und dreht sich um.   20

LOLA Nanu, was machen Sie denn in meinem Schlafzimmer?

die Polizei police
irren to err (more common: sich irren)
hiesig local

in amtlicher Eigenschaft in an official
  capacity   **verführen** to seduce

ausgerechnet exactly (coll. ironic) ... **ich hab(e) hier (ei)nen
  Kindergarten?** Do you think I'm running a kindergarten?

die spanische Wand dressing screen   **sich umziehen** to
  change one's clothes
das Versteck hiding place
verschieben to shift   **der Wandschirm** = die spanische Wand

Rath kommt die Treppe hinunter.

RATH Sie sind also die Künstlerin Lola Lola?

LOLA Sind Sie vielleicht von der Polizei?

RATH Sie irren, mein Fräulein. Ich bin Doktor Immanuel
Rath, Professor am hiesigen Gymnasium.   5

LOLA Deswegen können Sie ruhig in meiner Garderobe
Ihren Hut abnehmen.

Der Clown geht wieder durch das Zimmer.

LOLA Was wollen Sie denn eigentlich hier?

RATH Ich bin hier in amtlicher Eigenschaft. Sie verführen   10
meine Schüler.

LOLA Ausgerechnet. Denken Sie, ich hab' hier 'nen
Kindergarten?

*Lola geht hinter die spanische Wand und zieht sich um. Dabei
sieht sie Goldstaub in seinem Versteck. Um ihn besser zu   15
verstecken, verschiebt sie den Wandschirm ein wenig. Als Lola*

hervortreten to step out   **beobachten** to watch
  wachsend growing
sich besinnen to remember   **wegsehen** to look away
  kann es nicht unterlassen cannot help but
  hinüberschielen to cast a sidelong glance
garnichts = absolut nichts

die Würde dignity
sich erheben = aufstehen   **schreiten** = würdevoll gehen
die Nummer = der Bühnenakt

die Verkehrsstörung traffic jam
herumstehen to stand around, loiter

bei Stimme sein to be in good voice
unmöglich impossible   **ich kompromittiere Sie** I'm ruining
  your reputation

artig sein to behave   **könn' Se** = können Sie   **dableiben** =
  hierbleiben

frech insolent
streifen to brush against
der Schweiß perspiration
die Stufe step

aufpassen to pay attention   **runter** = herunter

das Höschen panties
entfernen to remove   **versuchen** to try
  erfolglos in vain   **falten** to fold

betreten to enter   **betrachten** to examine
zweifelnd dubiously

daß mir keine Klagen kommen just so I don't receive any
  complaints

auf dem gleichen Fleck in the same
  place   **angewurzelt** rooted to the spot
das Lokal tavern   **abwechseln** to alternate

wieder hervortritt, beobachtet Rath sie mit wachsendem Interesse.
Plötzlich besinnt er sich und sieht weg, kann es aber doch nicht
unterlassen, zu ihr hinüberzuschielen.

LOLA   Na? Nun sagen Sie garnichts mehr.

Rath kann seine Augen nicht von Lola lassen. Mit aller Würde,   5
deren er fähig ist, erhebt er sich und schreitet zur Tür. Auf der
Bühne ist gerade eine Nummer beendet worden und die Mädchen
versuchen, sich an Rath vorbeizudrängen.

EINES DER MÄDCHEN   Mensch, Sie sind ja die reinste
Verkehrsstörung! (*beim Verlassen des Raumes*) Was da alles   10
herumsteht! (*von der Garderobe her hört man eine Andere*)
Ach, meine Füsse. Das achtzehnte Bier; da soll man bei
Stimme sein.
RATH   Ich kann unmöglich länger hier bleiben. Ich
kompromittiere Sie.   15
LOLA   Wenn Sie hübsch artig sind, könn' Se dableiben.

Frech nimmt sie Rath den Hut weg und legt ihn auf den Tisch.
Indem sie die Wendeltreppe hinauf geht streift sie Rath. Er bleibt
zurück, sich den Schweiß von der Stirn wischend, während im
Hintergrund Lolas Beine auf den oberen Stufen sichtbar sind.   20

LOLA   Aufpassen, Herr Rath. Jetzt kommt alles runter.

Sie wirft ihr Höschen hinunter; es landet auf seinen Schultern. Er
entfernt es und versucht erfolglos es zu falten.

In diesem Augenblick betritt Guste die Garderobe. Sie betrachtet
Rath zweifelnd und befreit ihn von dem Höschen.   25

GUSTE   Sie, Sie! Daß mir keine Klagen kommen!

Mit dem Höschen in der Hand tritt sie in die Nähe der anderen
Tür. Rath bleibt sprachlos auf dem gleichen Fleck wie angewurzelt.
Vom Lokal wird Musik hörbar. Guste betrachtet abwechselnd erst

werfen to throw
auffangen to catch
verlassen to leave   **erschöpft** exhausted   **sich stützen** to
  support oneself
schwerfällig clumsily
schielen to glance
erschrecken to be scared
vorübergehen to pass   **der Dompteur** animal trainer
  der Bär bear

Fragen

1. Wohin stürmt Rath?
2. Wer versperrt ihm den Weg?
3. Wohin eilt Rath aus Versehen?
4. Wo verbirgt sich Rath?
5. Was macht die dicke Künstlerin?
6. Wie reagiert Lola auf Rath?
7. Was soll er machen?
8. In welcher Eigenschaft ist Rath in Lolas Garderobe?

das Höschen und dann Rath. Dann wirft sie es hinter die spanische Wand, wo es von Goldstaub aufgefangen wird, und verläßt die Garderobe. Nervös und erschöpft stützt sich Rath auf den Frisiertisch. Er setzt sich schwerfällig und putzt mechanisch seine Brille. Ohne Brille schielt er zur offenstehenden 5 *Garderobentür hinüber und erschrickt, als er einen vorübergehenden Dompteur mit seinen Bären erkennt.*

---

9. Wo zieht sich Lola um?
10. Von wem kann Rath seine Augen nicht lassen?
11. Wer kommt in die Garderobe?
12. Wer ist eine Verkehrsstörung?
13. Was wirft Lola auf Rath?
14. Wer betritt daraufhin die Garderobe?
15. Was erschreckt Rath?

steigen to climb   **der Stapel** pile   **der Koffer** suitcase
die Hutschachtel hatbox   **das Regal** shelf
rutschen to slide   **knallen** to bang   **der Boden** floor

ablenken to distract   **benutzen** to use
  die Gelegenheit opportunity
die Jackentasche coat pocket
merken to notice   **wachsen** to grow
  die Verwunderung astonishment

herumdrehen to turn around

Wie gefall(e) ich Ihnen jetzt? How do you like me now?
die Klingel bell   **die (dort) draußen haben (e)s aber**
  eilig those people out there sure are in a hurry

sich über etwas beugen to bend over something
  das Klavier piano   **holen** to fetch, get
die Tasten anschlagen to touch the piano keys

saufen = viel trinken   **Was geht mich Ihre Kunst an?** Of
  what concern is your art to me?

In ihrem Schlafzimmer steigt Lola auf einen Stapel von Koffern,
um eine Hutschachtel auf dem obersten Regal zu erreichen. Ein
Koffer rutscht ihr aus der Hand und knallt zu Boden. Unten in
der Garderobe hört Rath den Lärm und schaut nach oben.
Während Rath abgelenkt ist, benützt Goldstaub die Gelegenheit,   5
Lolas Höschen in Raths Jackentasche zu stecken, ohne daß jener es
merkt. Rath sieht sich inzwischen mit wachsender Verwunderung
im Zimmer um.

Lola kommt endlich die Treppe hinunter. Sie geht auf Rath zu,
nimmt ihn bei den Schultern und dreht ihn herum.   10

LOLA   Na, wie gefall' ich Ihnen jetzt? (*Von draußen hört man*
   eine Klingel, die zum Auftritt mahnt.) Na, die draußen
   haben's aber eilig.

Lola beugt sich über das Klavier, um ihren Hut zu holen, und
schlägt dabei einige Tasten an. Rath betrachtet sie interessiert,   15
während sie sich für ihren Auftritt vorbereitet. Rath erhebt sich.

RATH   Wo hab' ich nur meinen Hut?

Kiepert tritt ein, gefolgt von seinen „Künstlerinnen.“

EINE FRAU   Ich trinke nicht mehr . . .

KIEPERT   Sie haben zu saufen, meine Damen. Was geht   20

51

der Dreck dirt (here: nothing)
rausschmeißen = hinauswerfen
brauch' ma = braucht man
Maul halten! Shut up! (vulgar)   **das Maul** = der Mund
  (vulgar)

Was hast du dir . . . angelacht? What kind of a suitor did you
  pick up?

zusammenpassen to be well matched

die Wissenschaft science   **Gestatten Sie, daß ich mich**
  vorstelle Permit me to introduce myself
der Zauberkünstler magician
gleich = sofort
der Honoratior dignitary
begrüssen to greet

alter Ochse biste = ein alter (dummer) Ochse bist du
  der Ochse ox

mach' deine Nummer do your act
Mensch a colloquial form of address in northern Germany
  (especially in Berlin)   **mach' dir bloß kein(en) Fleck** don't
  get all upset

die Verachtung contempt

erbärmlich wretched   **das Weibsbild** derogatory term for
  women

mich Ihre Kunst an? Einen Dreck! Wenn Sie nicht saufen
wollen, schmeiß ich Sie raus!

DIESELBE   Diese Dividenden brauch' ma . . .

KIEPERT   Maul halten! Ein für allemal Ruhe.

Kiepert dreht sich um und bemerkt Rath.   5

KIEPERT   (*zu Lola*) Was hast du dir denn da für einen
Bräut'jam angelacht?

LOLA   Nur der Professor von den Schuljungen.

KIEPERT   Professor?

RATH   . . . am hiesigen Gymnasium. Doktor Immanuel   10
Rath.

KIEPERT   Dann passen wir ja beide zusammen.

RATH   Wieso?

KIEPERT   Kunst and Wissenschaft. Gestatten Sie, daß ich
mich vorstelle: Kiepert, Direktor und Zauberkünstler. (*zu*   15
Lola) Warum hast du mich denn da nicht gleich rufen
lassen? Ich freue mich sehr, einen von den Honoratioren
persönlich bei mir begrüßen zu können.

RATH   Ich bin hier . . .

KIEPERT   Ich weiß, ,,wie zu Hause"   20

RATH   Nein, ich bin hier . . .

KIEPERT   Aber, ich sehe ja, daß Sie hier sind. Ich freue
mich ja darüber. (*zu Lola*) Warum hast du mich denn
nicht rufen lassen? Bin ich der Direktor oder bin ich's
nicht?   25

LOLA   Alter Ochse biste.

Es klingelt wieder.

KIEPERT   Heraus! Mach' deine Nummer!

LOLA   Mensch, mach' dir bloß kein' Fleck.

Während sie das Zimmer verläßt, betrachtet Rath die ganze Szene   30
mit größter Verachtung.

KIEPERT   Erbärmliches Weibsbild.

der Schnurrbart mustache
ankleben to glue on

tadellos excellent   **der Geschmack** taste
Was fällt Ihnen denn ein? How dare you?

wir sind doch beide unter uns now that we are alone

ich mach(e) die Sache schon I'll arrange things

beherbergen to put up, harbor

verkehren to frequent
elend miserable   **der Lügner** liar

der Schmerz pain
aufschreien to cry out

die Luft air   **fuchteln** to gesticulate   **verfolgen** to pursue
in seiner Hast = in seiner Eile   **stößt er gegen den Clown** he
runs into the clown

nächtlich nocturnal
sich umschauen to look around

Eine Pause entsteht, während Kiepert sich einen Schnurrbart anklebt.

KIEPERT Herr Professor, ich muß sagen, Sie haben wirklich einen tadellosen Geschmack.

RATH Was fällt Ihnen denn ein?   5

KIEPERT Aber, Herr Professor, regen Sie sich doch nicht auf. Wir sind doch beide unter uns.

Der Clown geht wieder durch die Garderobe.

KIEPERT Ich mach' die Sache schon. Das Fräulein ist doch so . . .   10

RATH Ich bin hier wegen meiner Schüler.

KIEPERT Schüler?

RATH Sie beherbergen meine Schüler!

KIEPERT Ich?

RATH Ja!   15

KIEPERT Aber bei mir verkehren ja nur . . .

RATH Elender Lügner!

KIEPERT Lügner?

Rath tritt zurück und tritt dabei auf Goldstaub, der vor Schmerzen aufschreit und aus dem Zimmer rennt. Dabei fällt die spanische   20 Wand um.

RATH Hierher, Bube, hierher! Stehenbleiben!

Mit seinem Stock in der Luft fuchtelnd, verfolgt Rath seinen Schüler. In seiner Hast stößt er gegen den Clown, der wieder in der Tür steht.   25

Die nächltlichen Straßen werden sichbar. Rath kommt aus dem „Blauen Engel“ und schaut sich um. Vom Lokal hört man Beifall, als Lola ihr Lied beendet. Rath fuchtelt wieder mit seinem Stock.

RATH Halt! Halt! Bleiben Sie stehen!

Er läuft die Straße hinunter. Abblende.   30

friedlich   peacefully
auffahren   to jump up   **der Schatten**   shadow   **sich**
  nähern   to approach   **erheben**   to raise
drohend   menacingly   **sich in Sicherheit bringen**   to reach
  safety
verprügeln   to beat up
hinaufsteigen   to climb up, walk up

Fragen ————————————————————————————

1. Worauf steigt Lola?
2. Was steckt Goldstaub in Raths Tasche?
3. Wer betritt die Garderobe?
4. Was verlangt Kiepert von seinen „Künstlerinnen"?
5. Wieso passen Rath and Kiepert zusammen?
6. Wie stellt sich Kiepert vor?
7. Wer ist ein Honoratior?

Friedlich schlafend liegt Angst in seinem Bett. Durch ein Geräusch geweckt, fährt er auf. Zwei Schatten nähern sich ihm und erheben drohend ihre Hände. Ehe er sich in Sicherheit bringen kann, wird er verprügelt.

Rath steigt langsam die Treppe zu seiner Wohnung hinauf, öffnet 5
seine Wohnungstür und tritt ein.

---

  8. Was ist Kiepert?
  9. Wie nennt ihn Lola?
 10. Wer beherbergt Raths Schüler?
 11. Auf wen tritt Rath?
 12. Wen verfolgt er?
 13. Warum fährt Rath auf?
 14. Was passiert ihm?

vollkommen completely   **verstört** troubled,
confused   **zerzaust** dishevelled
sich mit der Hand über die Stirn fahren brush one's hand
across one's forehead
glauben to believe

der Irrtum = der Fehler   **fallen lassen** to drop
zusammensinken to collapse

herbeieilen to rush toward

überhören to ignore   **verzweifelt** in despair
vergeblich in vain
nicht vorhanden = fehlend   **die Kopfbedeckung** = der Hut
oder die Mütze
der Zylinder top hat

Vollkommen verstört und mit zerzaustem Haar sitzt Rath in seinem
Schlafzimmer. Er fährt sich mit der Hand über die Stirn und
greift dann in die Jackentasche; ohne hinzuschauen findet er Lolas
Höschen. Er glaubt, sein Taschentuch gefunden zu haben, und
wischt sich mit dem Höschen die Stirn. Plötzlich bemerkt er seinen 5
Irrtum, läßt das Höschen fallen und sinkt im Stuhl zusammen.

Morgenstimmung. Die Kamera schwenkt über die Dächer der
Stadt.

Rath verläßt sein Arbeitszimmer. Er will seinen Mantel anziehen.
Die Wirtschafterin eilt herbei, um behilflich zu sein. 10

WIRTSCHAFTERIN Wo haben Sie denn nun wieder Ihren
Hut liegen lassen?

Er überhört ihre Frage und sucht verzweifelt und vergeblich nach
seiner nicht vorhandenen Kopfbedeckung. Plötzlich erinnert er
sich, wo sein Hut sein könnte, geht ins Zimmer und kehrt mit 15
seinem Zylinder zurück.

Die Kirchturmuhr mit ihren Figuren wird wieder sichtbar und
schlägt die achte Stunde.

Im Klassenzimmer sitzen die Schüler an ihren Pulten und

verwundert astonished
blättern to leaf   **ziellos** aimless
über seine Brille hinweg above the rim of his glasses

der Blick gaze, look
in Gedanken versunken deep in thought
erwidern to return   **trotzig** defiant

stieren to stare   **anscheinend** apparently
unberührt untouched
verweilen to stay, linger   **unglücklich** unfortunate
das Geschehen happening   **einen Blick zuwerfen** to cast a
  glance
höhnisch sneering, sarcastic   **schlucken** to swallow

der Vorabend evening before
aufschrecken to startle
die Straßenlaterne streetlight   **sich orientieren** to get one's
  bearings   **weitergehen** to walk on
unheimlich weird, sinister

in die Länge ziehen to elongate

erwarten ihren Lehrer. Als er das Zimmer betritt, erheben sie sich.
Wie gewohnt geht Rath zum Katheder.

RATH   Bitte, setzen Sie sich.

Nachdem sich alle gesetzt haben, sehen sich Lohmann und
Goldstaub verwundert an. Rath nimmt sein Taschentuch und   5
schneuzt sich. Dann blättert er ziellos im Klassenbuch und sieht
über seine Brille hinweg Angst an, der dem Lehrer nicht in die
Augen sehen kann. Raths Blick wandert weiter durch das
Klassenzimmer. Goldstaub scheint in Gedanken versunken; Ertzum
erwidert zuerst trotzig Raths Blick, läßt aber bald seinen eigenen   10
Blick sinken und dreht die Däumchen. Mit wachsender
Verzweiflung stiert Angst vor sich hin. Von allem anscheinend
unberührt, nimmt Rath sein Notizbuch heraus und schreibt, seine
Augen verweilen aber stets auf dem unglücklichen Angst.
Goldstaub betrachtet zunächst erstaunt das Geschehen und wirft   15
Angst dann einen höhnischen Blick zu. Dieser schluckt verstört.
Abblende.

Dieselben nächtlichen Strassen des Vorabends. Eine auf der Straße
sitzende Katze wird durch Rath aufgeschreckt. Unter einer
Straßenlaterne orientiert sich Rath und wirft beim Weitergehen   20
einen unheimlichen Schatten an die Wand. Eine Sirene ertönt. In
einer anderen Straße bleibt Rath wieder unter einer Laterne
stehen, dreht sich um und geht an einer zweiten Laterne vorbei, wo
er sich sodann abermals umdreht und zurückkehrt. Dadurch wird
sein Schatten noch mehr in die Länge gezogen.   25

Lola sitzt am Frisiertisch in ihrer Garderobe. Neben ihr stehen
Lohmann und Ertzum.

LOLA   Na, und gesagt hat er garnichts?
ERTZUM   Ach wo, der hat ja Angst vor uns.

Lohmann bückt sich zu Lola hinunter und flüstert ihr etwas zu.   30

LOHMANN   I love you.

der Quatsch   nonsense
beleidigen   to insult
der wird auch wieder gut   he'll be in a good mood again, he'll
  get over it

hereinstürzen   to dash in, rush in
der Hase   hare   **vor sich herschieben**   to push in front of one

der Dussel   idiot
versauen = ruinieren   **verlangen**   to ask for
das Karnickel (das Kaninchen)   rabbit
schon wieder mal da = schon wieder einmal hier   **zu tun**
  haben   to be busy

der Geldschein   banknote, bill   **in die Hand drücken**   to
  press into someone's hand

ihr bringt einen ja um die Konzession   I'll lose my license
  because of you

davoneilen   to rush off   **aufhalten**   to stop   **nee** = nein
runter in'n Keller = in den Keller hinunter
verschwinden   to disappear

Fragen

1. Was sucht Rath vergeblich?
2. Wie reagieren Goldstaub, Ertzum and Angst auf ihren
   Lehrer?
3. Welches Tier schreckt Rath auf der Straße auf?
4. Wo sitzt Lola und wer sieht ihr zu?
5. Wer stürmt in die Garderobe?

LOLA Mensch, hör' doch auf mit dem englischen Quatsch.
ERTZUM Jetzt ist er beleidigt.
LOLA Der wird auch wieder gut.

*Lohmann geht an die Tür und öffnet sie. Kiepert stürzt herein,
einen Hasen in der Hand haltend und den Clown vor sich* 5
herschiebend.

KIEPERT Alter Dussel, du hast meine ganze Nummer
versaut. Ich verlang Goldfisch und du bringst mir
Karnickel. (*zu den Schülern*) Ah, die Herren Studenten.
Schon wieder mal da. Ihr habt wohl gar nichts mehr zu 10
tun, was?

*Lohmann zieht einen Geldschein aus der Tasche und drückt ihn
Kiepert in die Hand.*

KIEPERT Heute will ich's noch mal erlauben. Ihr bringt
einen ja um die Konzession. 15

*Goldstaub steht am Fenster und sieht hinaus. Plötzlich macht er es
in größter Eile zu und rennt zu Ertzum hinüber.*

GOLDSTAUB Er kommt!
ERTZUM Wer?
GOLDSTAUB Unrath! 20
KIEPERT (*indem er den davoneilenden Ertzum aufhält*) Nee,
nee, nee, nee, mein Herr. Nicht durchs Lokal. Runter
in'n Keller. (*Lohmann, Goldstaub und Ertzum verschwinden
im Keller.*)

---

6. Mit wem schimpft Kiepert?
7. Was hat der Clown falsch gemacht?
8. Was gibt Lohmann dem Direktor?
9. Was fürchtet Kiepert?
10. Wen sieht Ertzum?
11. Wohin schickt Kiepert die Schüler?

das Päckchen   small package

zurechtrücken   to adjust

die Überraschung   surprise

winken   to wave, signal

legt letzte Hand an ihr Kostüm   puts the finishing touches to her
costume

die Sehnsucht   longing

die Ehrerbietung   respect   **seinen Hut ziehen**   to take off
one's hat to another person

bei mir komm'n se (kommen sie) alle wieder   they all come back
to me
gnädig   gracious (here: antiquated form of address)
statt meinem Hut = statt meines Hutes
  das Kleidungsstück   article of clothing

behutsam   carefully

Rath kommt mit einem kleinen Päckchen im Lokal an. Er geht hinter die Bühne. Er stößt so heftig mit dem Zylinder gegen eine Lampe, daß er ihn wieder zurechtrücken muß. In der Garderobe trifft er nur noch Lola, Kiepert und den Clown an.

KIEPERT Guten Abend, Herr Professor. Das ist aber mal 5
'ne Überraschung.

Kiepert winkt Rath, in die Garderobe hineinzukommen. Bevor er den Raum betritt, sieht er den Clown kurz an. Lola steht gerade vor dem Spiegel und legt letzte Hand an ihr Kostüm.

LOLA Immer ran, Herr Professor! Sie werden hier ja mit 10
Sehnsucht erwartet.

Mit größter Ehrerbietung zieht Rath seinen Hut, verbeugt sich und schließt die Tür hinter sich.

LOLA Ich hab' gewußt, daß Sie wiederkommen. Bei mir
komm'n se alle wieder. 15
RATH Mein gnädiges Fräulein, äh . . . ich habe gestern in
der Eile statt meinem Hut dieses Kleidungsstück
mitgenommen.

Lola nimmt Rath das Päckchen ab, welches er schon die ganze Zeit behutsam trägt, öffnet es und zieht ihr Höschen heraus. Sie lächelt 20

65

gleiten   to slide

wegen mir komm'n Se' (kommen Sie) garnicht?   you do not
  come at all because of me?
geben Sie mir mal Ihre Talentbinde = legen Sie bitte ab;   may I
  take your things?
befreien   to free, rescue
zuschieben   to push toward
sich zuwenden   to turn toward

jemanden auf den Stuhl drücken   to push someone onto a chair

sich im Takt wiegen   to sway in time to the music

ohrenbetäubend   deafening

mustern   to survey, examine

nicht aus den Augen lassen   not to let out of one's sight
  das Döschen   small container
die Wimperntusche   mascara

spucken   to spit
das Bürstchen   small brush   **färben**   to color, dye
  die Wimper   eyelash

schweigen   to be silent

die zum Keller führende Falltür   the trapdoor to the
  basement   **belustigt**   amused   **beobachten**   to observe

Rath an, während sie das Höschen kokett durch ihre Finger gleiten läßt.

LOLA Na, und wegen mir komm'n Se' garnicht? *(Sie läßt das Höschen zu Boden fallen.)* Na, geben Sie mir mal Ihre Talentbinde.   5

Sie befreit Rath von seinem Hut und Stock und legt diese hinter sich. Rath ist sehr verlegen. Lola schiebt ihm einen Stuhl zu, während er sich wieder der Tür zuwendet. Der Clown, der anscheinend das Zimmer verlassen hatte, kehrt zurück, einen Hasen in der Hand. Während der Clown durch das Zimmer geht, 10 *hilft Lola Rath aus dem Mantel. Der Clown wirft Rath noch einen traurigen und resignierten Blick zu, ehe er die Garderobe wieder verläßt. Lola drückt Rath auf den Stuhl neben sich.*

Die Bühne wird eingeblendet. Guste, die sich im Takt wiegt, lädt die anderen Mädchen auf der Bühne und das Publikum ein, 15 *mitzusingen. Musik und Applaus werden ohrenbetäubend.*

Von der Garderobentür aus mustert Lola inzwischen Rath. Sie steckt kurz den Kopf aus der Tür, lächelt und schließt die Tür. Sie geht an ihren Frisiertisch und setzt sich neben Rath. Dieser hat die ganze Zeit nervös mit seiner Krawatte gespielt und Lola keinen 20 *Moment aus den Augen gelassen. Sie gibt ihm ein Döschen Wimperntusche.*

LOLA Halten Sie mal!

Lola spuckt in das offene Döschen, das Rath hält, streicht ein Bürstchen darüber und färbt dann ihre Wimpern.   25

LOLA Schöne Augen, was? *(Rath schweigt.)* Also nicht schön?
RATH Oh, ja, oh doch. Sehr . . . sehr schön.

Langsam öffnet sich die zum Keller führende Falltür. Belustigt beobachten Goldstaub, Ertzum und Lohmann die Szene.   30

sich ungebührlich betragen   to behave improperly

fallenlassen   to drop

aufheben   to pick up
der Zuschauer   spectator, onlooker   **auf allen Vieren**
  kriechen   to crawl on all fours
zerstreuen   to scatter
einsammeln   to gather

schreiben Sie mir 'ne Ansichtskarte   write me a picture-postcard

wenden   to turn away   **auftauchen**   to appear
  wirr   tangled
schief   crooked, askew   **knien**   to kneel

jetzt seh'n Se aber aus!   now you look a mess   **stillhalten**   to
  hold still
kämmen   to comb

LOLA Na. Heute sind Sie wohl nicht in amtlicher
Eigenschaft hier?

Eine lange Pause

RATH Ich fürchte, ich habe mich gestern etwas ungebührlich betragen.   5

*Lola nimmt ihm die Wimperntusche weg und hebt ein Päckchen
Zigaretten auf.*

LOLA Ja, das haben Sie. Heute sind Se viel netter.

*Lola steckt sich eine Zigarette in den Mund und gibt Rath das
Päckchen Zigaretten, der es fallenläßt.*   10

RATH Oh, Pardon.

*Er bückt sich, um die Schachtel aufzuheben, und schnell schließen
die drei Zuschauer die Falltür. Rath kriecht auf allen Vieren unter
den Frisiertisch und versucht, die zerstreuten Zigaretten
einzusammeln. Lola steckt sich ihre Zigarette an und schaut unter* 15
den Tisch.

LOLA Sie, Herr Professor, wenn Sie fertig sind, schreiben
Sie mir 'ne Ansichtskarte.

*Unter dem Tisch kann Rath seinen Blick nicht von Lolas Beinen
wenden. Als er wieder auftaucht, sind seine Haare wirr und seine* 20
*Brille sitzt schief auf der Nase. Er kniet vor Lola, die ihn belustigt
betrachtet.*

LOLA Na, jetzt seh'n Se aber aus! Halten Sie mal still!

*Seinen Kopf mit einer Hand haltend, kämmt sie ihn. Die drei
Schüler schauen unter der Falltür hervor.*   25

LOLA So sollten Sie Ihre Jungen sehen.

pudern to powder
unruhig uneasily

hübsch handsome

imstande sein to be able to   **kindisch** childish
schmeicheln to flatter   **blasen** to blow
aufspringen to jump up   **husten** to cough   **ersticken** to
  suffocate   **säubern** to clean
verspielt playfully   **der Bart** beard
streicheln to caress   **vor Husten sich schütteln**   to shake with
  a coughing fit
kitzeln to tickle   **das Kinn** chin
tut's weh? does it hurt?

besänftigen to calm, soothe

*Sie hilft Rath wieder in den Stuhl und pudert ihr Gesicht,
während Rath sich unruhig umschaut.*

LOLA Jetzt wollen wir weiterarbeiten. (*beugt sich zu Rath
  hinunter*) Eigentlich . . . eigentlich sind Sie ein ganz
  hübscher Mann.   5

*Rath kann sie nicht anschauen, er ist nur imstande, kindisch
geschmeichelt zu lächeln. Lola bläst ihm Puder ins Gesicht, er
springt auf und hustet, als ob er ersticke. Belustigt säubert Lola
sein Gesicht und seinen Mantel, wobei sie verspielt seinen Bart
streichelt. Vor Husten sich schüttelnd, putzt Rath die Brille, Lola* 10
kitzelt ihn dabei unterm Kinn.

LOLA Ach Gott, ach Gott! . . . So schlimm? Tut's weh,
ja? . . .

*Rath hört auf zu husten und merkt, daß Lola ihn kitzelt. Er
lächelt wie ein besänftigtes Kind.*   15

RATH Nein.
LOLA Is er wieder gut?
RATH Ja.

Fragen ————————————————————————

1. Was trägt Rath in der Hand?
2. Wen trifft er in der Garderobe?
3. Wer wird mit Sehnsucht erwartet?
4. Ist Lola überrascht?
5. Was hat Rath in Eile mitgenommen?
6. Was trägt der Clown, der ins Zimmer kommt?
7. Wie sieht er Rath an?
8. Was macht Guste inzwischen?
9. Was gibt Lola Rath?

10. Was macht Lola damit?
11. Wer beobachtet belustigt diese Szene?
12. Wer raucht?
13. Was läßt Rath fallen?
14. Warum kriecht Rath auf allen Vieren?
15. Von was kann Rath seinen Blick nicht wenden?
16. Was macht Lola mit Rath?
17. Warum hustet Rath?

der Anblick appearance
in Verlegenheit bringen to embarrass   **sich rückwärts**
   bewegen to move backward

unbekümmert unconcernedly
verschämt abashed, shamefaced

etwas zum Trinken bestellen to order some drinks   **ein Sekt**
zwitschert = Sekt wird getrunken   **der Sekt** domestic
champagne   **da zieht . . . heraus** someone is pulling out a
fat wallet
was geht das mich an? = was geht mich das an? (word order
changed for emphasis)   **rausschicken** = herausschicken
bist du wahnsinning? are you crazy?   **wer wird . . .**
   spendieren? who is going to buy champagne for (someone
like) Guste?

die Auffassung conception

vorbeilassen to allow to pass   **massig** massive

*Von der Falltür aus schauen die Jungen zu. Die Garderobentür
geht auf und Kiepert tritt ein. Kieperts Anblick bringt Rath in
Verlegenheit. Er erhebt sich, und bewegt sich rückwärts, bis er vor
dem Spiegel steht. Wieder putzt er seine Brille, setzt sie auf und
betrachtet Kiepert genauer. Peinlich berührt säubert er seine Jacke* 5
*vom restlichen Puder. Kiepert geht auf Lola zu, die sich
unbekümmert weiter frisiert, und verbeugt sich vor dem
verschämten Professor.*

KIEPERT   Entschuldigen Sie, Herr Professor, daß ich störe.
(*Beugt sich zu Lola hinab*) Was ist denn los . . . warum wird   10
hier nichts zum Trinken bestellt? Da draußen zwitschert
ein Sekt . . . da zieht einer so 'ne dicke Brieftasche raus.

LOLA   Was geht das mich an? Schick doch Guste raus.

KIEPERT   Bist du wahnsinnig? Wer wird denn der Guste
Sekt spendieren? Dich will er.   15

LOLA   Tue ich nicht. Ich bin Künstlerin.

KIEPERT   Was bist du?

LOLA   Künstlerin!

KIEPERT   (*zu Rath*) Also was sagen Sie dazu, Herr
Professor? Eine Auffassung von ihrem Beruf hat das   20
Mädchen!

*In der Tür erscheint der Wirt mit einer dicken Zigarre im Mund
und trägt ein Tablett mit Sekt herein. Er tritt zur Seite, um einen
Kapitän vorbeizulassen, dessen massiger Körper den ganzen .*

der Türrahmen door frame   **offensichtlich** obviously
  betrunken drunk   **stolpern** to stumble

vormals formerly
der Dreimaster three-master (sailing ship)   **ehemals** =
  vormals

die Ananas pineapple

die Ladung cargo, load

wegziehen to pull away

machen Sie, daß Sie rauskommen get out

wütend furiously   **der Stoß** shove, push
der Ellenbogen elbow

zurückhalten to hold back   **angreifen** to attack
sich losreißen to tear oneself away

elender Bube wretched knave (antiquated invective)
ist das der Papa? is he your father?
sich erlauben to take such liberties
belästigen to molest
abonnieren to subscribe to

das Mitglied member

der Mädchenhändler white slaver

Türrahmen füllt. Offensichtlich betrunken, stolpert er auf den Frisiertisch zu, während der Wirt hinter ihm die Tür schließt und das Tablett vor Lola auf den Tisch stellt.

KAPITÄN Guten Abend. Da bin ich. Vormals Kapitän vom Dreimaster ,,Fritz Korath.'' Ehemals Kalkutta . . . 5
eingelaufen.

Er zieht eine Ananas hervor und stellt sie vor Lola auf den Tisch.

KAPITÄN Von meiner Ladung.

Er greift nach Lolas Hand und versucht, sie zu küssen, aber Lola zieht sie sofort weg. 10

LOLA Lassen Sie mich los! Machen Sie, daß Sie raus-kommen!

Der Wirt blickt sie wütend an und gibt ihr einen harten Stoß mit dem Ellenbogen.

KAPITÄN Ich tu' Ihnen ja gar nichts. 15

Kiepert muß Rath zurückhalten, weil dieser den Kapitän angreifen will, aber Rath reißt sich los und stürzt sich auf den Seemann.

RATH Elender Bube! Hinaus!
KAPITÄN (*zu Lola*) Ist das der Papa?
RATH Wie können Sie sich erlauben, diese Dame zu 20
belästigen?
KAPITÄN Sind Sie vielleicht auf die Dame abonniert?

Mitglieder der Theatergruppe erscheinen in der Tür.

KIEPERT Aber, Herr Professor . . .
RATH (*zu Kiepert*) Schweigen Sie! Setzen Sie sich! (*zum* 25
Kapitän) Elender Mädchenhändler!
KAPITÄN Was? Mädchenhändler?

drängen   to push, crowd

sich auf jemanden stürzen   to hurl oneself at someone

ein paar saftige Ohrfeigen   a pair of resounding
  slaps   **verblüfft**   startled

der Kuppler   procurer

sich aufpflanzen   to plant oneself

hör'n Sie mal   listen here   **wie kommen Sie dazu**   how dare
  you?
herausschmeißen   to throw out

sich entfernen   to remove oneself, leave

beschwichtigen   to soothe, calm down

Krawall machen   to make a row, create a disturbance   **mir die
  Polizei auf den Hals hetzen**   get the police after me

der Gauner   crook   **kämpfen**   to fight

kalt machen = töten

verzweifeln   to despair   **die Hände vor dem Gesicht
  zusammenschlagen**   cover one's face with one's hands

RATH   Hinaus! Hinaus!

Rath drängt den Kapitän aus der Garderobe und schließt die Tür hinter ihm. In der anderen Tür stehen der Clown und die Tänzerinnen und schauen zu. Kiepert stürtzt sich auf Rath.

KIEPERT   Aber, Herr Professor, was erlauben Sie Sich?!   5

Rath versetzt Kiepert ein paar saftige Ohrfeigen. Verblüfft ziehen sich der Clown und die Mädchen zurück.

RATH   Elender Kuppler!

Der Wirt stößt Kiepert beiseite und pflanzt sich vor Rath auf.

WIRT   Hör'n Sie mal! Wie kommen Sie denn dazu, hier   10
jemanden herauszuschmeißen! Der Mann hat doch Sekt
bestellt.
RATH   Ich bezahle alles. Entfernen Sie sich! Hinaus!

Im Hintergrund Hört man den Kapitän brüllen.

KAPITÄN   Mädchenhändler hat er mich genannt! Mäd-   15
chenhändler!

Während er dies brüllt, steht der Kapitän auf der Treppe, die zur Bühne führt. Der Wirt eilt auf ihn zu und versucht, ihn zu beschwichtigen.

WIRT   Machen Sie doch keinen Krawall hier! Sie hetzen   20
mir die Polizei auf den Hals.
KAPITÄN   Jawohl! Polizei! Ich hole die Polizei! Sie alter
Gauner. (*beginnt mit dem Wirt zu kämpfen*) Gauner! Der
wollte mich kalt machen! Kalt machen wollt' der mich.

Vor der Garderobentür schlägt Kiepert verzweifelt die Hände vor   25
dem Gesicht zusammen. In der Garderobe sitzt Rath mit der

durchsichtig diaphanous

prügeln to beat up — **das ist schon lange nicht
  dagewesen** that hasn't happened for a long time
die Pflicht tun to do one's duty
sich aufregen to get excited
die Sache begießen to drink to something

Ihr ganz Spezielles = zu Ihrem speziellen Wohl to your health

der Bühnenarbeiter stagehand

verzeihen Sie pardon me

Sektflasche in der Hand. Lola steht in ihrem durchsichtigen schwarzen Kostüm neben ihm.

LOLA   Daß sich einer für mich prügelt, das ist ja schon lange nicht dagewesen.

RATH   Ich tat nur meine Pflicht.   5

LOLA   Nun regen Sie sich mal nicht wieder auf, Professor. Nun wollen wir mal die Sache begießen. Na, prost.

RATH   Ich gestatte mir, Ihr ganz Spezielles.

Ein ins Lokal tretender Polizist wird sichtbar. Der Wirt und ein paar Bühnenarbeiter versuchen gerade, den Kapitän von der   10 Bühne zu drängen. In den Kulissen steht Kiepert und betrachtet den Vorgang. Nach kurzem Zögern dreht er sich um und eilt in die Garderobe.

KIEPERT   Verzeihen Sie, Herr Professor, aber, die Polizei ist da.   15

RATH   Polizei? Polizei?!

KIEPERT   Man darf Sie hier nicht finden.

die Obrigkeit authority

Fragen

1. Wer schaut von der Falltür aus zu?
2. Warum säubert Rath seine Jacke?
3. Was erzählt Kiepert Lola?
4. Was will Kiepert von Lola?
5. Was will Lola nicht tun?
6. Wer erscheint in der Tür?
7. Was trägt der Wirt?
8. Wer kommt mit dem Wirt in die Garderobe?

RATH   Ich habe die Obrigkeit nicht zu fürchten.

KIEPERT   Sie nicht, aber wir.

LOLA   Nun verschwinden Sie schon, Herr Professor.

---

9. Was gibt er Lola?
10. Was sagt Lola zum Kapitän?
11. Warum greift Rath den Kapitän an?
12. Was nennt Rath den Seemann?
13. Was macht Rath mit Kiepert?
14. Wen holt der Kapitän?
15. Wen hat Rath nicht zu fürchten?

erleichtert aufatmen   to breathe a sigh of relief

(ei)ne Fremdenpension aufmachen   to open a hotel

ringsherum   all around

das Durcheinander   confusion

die Körperverletzung   bodily harm

sich verkriechen   to hide
Herr Wachtmeister   form of address for a policeman
überfallen   to attack

Sie schiebt ihn durch die Falltür in den Keller. Er dreht sich noch einmal protestierend um.

Lola und Kiepert machen die Falltür zu und atmen erleichtert auf.

LOLA Wir werden im Keller noch 'ne Fremdenpension aufmachen müssen. 5

Vor der Garderobentür versucht Guste, den Polizisten aufzuhalten. Ringsherum stehen der Wirt, der Kapitän, der Clown, Bühnenarbeiter und sonstige Zuschauer. Es herrscht ein vollkommenes Durcheinander.

POLIZIST Ruhe bitte. 10

Der Polizist geht in die Garderobe. In der Tür stehen der Wirt und der Kapitän; sie folgen ihm langsam ins Zimmer.

POLIZIST Der Herr behauptet, daß hier eine Körperverletzung begangen worden ist.
KAPITÄN Kaltmachen wollt er mich, kaltmachen! 15
KIEPERT Wer?
POLIZIST Na, wer denn?
KAPITÄN Nun, wo hat sich denn der Rowdy verkrochen?
GUSTE Den schreiben Se auf, Herr Wachtmeister. Der hat mich auf der Bühne überfallen. 20

der Säufer drunkard

das Treppengeländer banister, railing

innehalten to stop, pause   **horchen** to listen
es wird ihm klar he realizes

Ihre Stunde hat geschlagen your hour has come (implied: to be
    executed)
der Lümmel hooligan („Ihr Lümmels! Ihr Lümmel!" Two
    different plural forms: the first is the common North German
    plural; the second is more correct and in keeping with Unrat's
    regaining his composure.)
der Staub dust   **beschuldigen** to accuse

verlangen to demand   **Anzeige erstatten** to bring charges

verhaften Sie den Kerl arrest that fellow

mich wird hier keiner ruhig machen nobody is going to shut me
    up here

POLIZIST   Ja, ist gut. Reden Se keinen Quatsch.

KAPITÄN   Wo haben Sie den denn versteckt, Sie Gauner?

WIRT   Was wollen Sie von mir, alter Säufer, Sie? Ich war doch draußen, nicht?

Der Polizist geht an das Treppengeländer und sieht hinauf. Da 5
hört man Raths Stimme.

RATH   Hierher. Kommen Sie hierher.

Der Polizist hält erstaunt inne und horcht. Auch der Kapitän sieht verwirrt um sich, bis es ihm klar wird, daß die Stimme aus dem Boden kommt. 10

RATH   Endlich habe ich Sie!

Die Falltür öffnet sich und Lohmann steigt herauf, gefolgt von Rath, der Goldstaub und Ertzum hinter sich herzieht.

RATH   Kommen Sie herauf. Endlich, so, jetzt. Ihre Stunde hat geschlagen. Kommen Sie herauf, Sie auch, Sie auch. 15 Ihr Lümmels! Ihr Lümmel!

Der Polizist macht die Falltür zu, während der Kapitän Rath, der sich würdevoll den Staub von der Kleidung klopft, beschuldigt.

KAPITÄN   Da ist er! Kalt wollt er mich machen. Herr Wachmeister, da ist er. 20

POLIZIST   Verzeihung, Herr Professor . . .

KAPITÄN   Mädchenhändler hat er mich genannt.

POLIZIST   Ruhe! Verzeihung, Herr Professor, der Mann verlangt, daß ich Anzeige erstatte.

RATH   Erstatten Sie Anzeige. Ich werde auch Anzeige 25 erstatten.

KAPITÄN   Was heißt hier Anzeige erstatten? Verhaften Sie den Kerl!

POLIZIST   Sind sie endlich ruhig!

KAPITÄN   Ach, mich wird hier keiner ruhig machen! 30

das wollen wir doch mal sehen   we'll see about that   **auf die
Wache**   to the police station

wegschleppen   to drag away

die Menschenmenge   crowd of people   **auf und ab**
marschieren   to march back and forth
besorgt aussehen   to look worried

sich im klaren sein   to be aware   **die Folge**   result
der Vorfall   incident
anzünden   to light

die Geduld verlieren   to lose one's patience

gestehen   to admit, confess   **was suchen Sie hier?** = was
machen Sie hier?

die Kontrolle verlieren   to lose control

auf die Schulter klopfen   to pat on the shoulder

das ham' Se (haben Sie) fein gemacht   you did that well   **nu
(nun) giessen Se ma' (Sie mal) eins hinter die Binde**   have a
drink

POLIZIST So, das wollen wir doch mal sehen. Auf die
Wache!

KAPITÄN Kalt wollt' er mich machen! Mädchenhändler hat
er mich genannt! (*Während er weggeschleppt wird, brüllt er
durchs Lokal.*) Mädchenhändler hat er zu mir gesagt! Daß   5
lasse ich mir nicht gefallen!

*Der Polizist schiebt den Kapitän aus der Tür durch die dort
stehende Menschenmenge. In der Garderobe marschiert Rath vor
den drei Schülern auf und ab, aber diese sehen nicht sonderlich
besorgt aus. Lohmann zieht eine Zigarette heraus.*   10

RATH Sie sind sich wohl darüber im klaren, welche Folgen
dieser Vorfall für Sie haben wird. (*Wütend hält er vor
Lohmann inne, der sich gerade die Zigarette anzündet.*)
Nehmen Sie die Zigarette aus dem Mund! (*Als Antwort
bläst Lohmann ihm den Rauch ins Gesicht!*) Sie sollen die   15
Zigarette aus dem Mund nehmen!

*Lohmann sieht Rath nur frech an. Da verliert Rath die Geduld
und schlägt ihm die Zigarette aus dem Gesicht.*

RATH Gestehen Sie! Was suchen Sie hier?

GOLDSTAUB Dasselbe, was Sie hier suchen, Herr Professor.   20

*Vollkommen die Kontrolle verlierend, ohrfeigt Rath zuerst
Goldstaub und dann Ertzum. Er schiebt sie zur Tür hinaus.*

RATH Hinaus, hinaus! (*Die Jungen fliehen.*) Wir sprechen
uns noch!

*Der Clown lehnt am Spiegel und betrachtet die Szene. Dann   25
verläßt er mit höhnischer Miene das Zimmer. Rath steht mitten im
Zimmer und putzt seine Brille. Guste geht auf ihn zu und klopft
ihm auf die Schulter.*

GUSTE Das ham' Se fein gemacht, Professorchen. Nu
giessen Se ma' eins hinter die Binde.   30

anbieten   to offer   **der Schluck**   swig, swallow
aufstoßen   to push open

sich hinauslehnen   to lean out
drohen   to threaten

Fragen

1. Wohin schiebt Lola den Professor?
2. Wer versucht den Polizisten aufzuhalten?
3. Was herrscht?
4. Was behauptet der Kapitän?
5. Wie nennt der Wirt den Kapitän?
6. Wessen Stimme hört man?
7. Woher kommt sie?
8. Wer steigt aus der Falltür?
9. Wer will Anzeige erstatten?

Sie bietet ihm ein Glas Bier an und er trinkt einen Schluck. Plötzlich wird das Fenster aufgestoßen und die drei Schüler stecken ihre Köpfe in den Raum.

ALLE DREI Unrath, Unrath!

Rath stürzt ans Fenster und lehnt sich weit hinaus. Er winkt, droht ihnen mit seinem Bierglas und brüllt ihnen nach. 5

RATH Elende Buben! Wir sprechen uns noch. Wir sprechen . . . wir sprechen uns . . .

---

10. Wer brüllt durchs Lokal?
11. Wohin schiebt der Polizist den Kapitän?
12. Wer marschiert vor den Schülern auf und ab?
13. Wer hat eine Zigarette im Mund?
14. Wen ohrfeigt Rath?
15. Was ruft der Professor den fliehenden Schülern nach?
16. Was bietet Guste dem Professor an?
17. Was rufen die Schüler Rath zu?

das Herz heart   **stöhnen** to moan
stolpern to stumble   **zu Hilfe eilen** to rush to help
um Atem ringen to fight for breath

um Gottes Willen for God's sake

der Lausejunge punk
der Beruf profession   **aussuchen** to pick

verdammt damned   **die Bimmelei** = das Läuten ringing

geht's denn weiter oder nicht? is (the show) going on or not?

meckern to complain (coll.)   **das hat der eingebrockt** he
started that

mach deine Schmalzkiste do your routine

auf die Beine bringen to pep up

Seine Stimme wird immer schwächer, er faßt sich ans Herz, stöhnt und stolpert. Lola und Guste eilen ihm zu Hilfe und tragen ihn zu einem Stuhl, wo er mit geschlossenen Augen um Atem ringt.

LOLA Um Gottes Willen, was haben Sie denn, Herr Professor?

RATH Das ist gleich vorbei. Es ist gleich . . . es geht schon besser.

GUSTE Die Lausejungs, da haben Sie sich einen schönen Beruf ausgesucht.

LOLA Sie haben sich zu sehr aufgeregt. Muß man nicht machen. (*Es klingelt zum Auftritt.*) Verdammte Bimmelei.

Der Wirt stürzt wütend hinein.

WIRT (*zu Kiepert*) Also was ist denn hier los, hä!? Geht's denn weiter oder nicht, Herr Direktor? Das halbe Lokal ist schon leer.

KIEPERT Ja, hören Sie endlich auf zu meckern! Das hat der eingebrockt.

WIRT Los, mach' deine Schmalzkiste.

LOLA (*zu Rath*) Kommen Sie ein bischen mit raus zuhören. Das bringt Sie wieder auf die Beine. (*Sie geht auf die Bühne.*)

Rath und Kiepert bleiben in der Garderobe. Kiepert nimmt eine der Flaschen aus seinem Koffer und füllt ein Glas.

nachtragen   to carry a grudge
eine kleine Einspritzung verpassen   give a little injection (here:
   take a little drink)
aus meiner Hausapotheke   from my own medicine cabinet
schieben Sie das mal runter   drink that down

ein bißchen Bajung in die Knochen bringen   to put marrow
   back into your bones

hat's geschmeckt? = hat es gut geschmeckt?

jetzt könn' Se (können Sie) sich wieder sehenlassen   now you
   look all right again
nu komm' Se mal 'n bißchen = nun kommen Sie einmal ein
   bißchen; come along for a little while
die Fremdenloge   house box

führen   to lead
die Strophe   verse
sich begeben = gehen

rätselhaft   mysterious
je-ne-sais-pas-quoi (French)   I don't know what

vis-à-vis (French) = gegenüber
saugen   to be absorbed

der Tusch   fanfare   **verehren**   to venerate, revere
heutig   today's
der Ehrengast   guest of honor   **vorstellen**   to introduce

KIEPERT Sie haben mir zwar ein paar saftige Ohrfeigen gegeben, aber ich bin kein nachtragender Charakter. Herr Professor, jetzt will ich Ihnen mal eine kleine Einspritzung verpassen. Aus meiner Hausapotheke. So, nun schieben Sie das mal runter! 5

RATH Glauben Sie wirklich, daß mir das helfen würde?

KIEPERT Klar. Da kriegen Sie wieder ein bißchen Bajung in die Knochen.

RATH Ja? (*Er trinkt.*)

KIEPERT Hat's geschmeckt? 10

RATH Ja.

KIEPERT So, jetzt könn' Se sich wieder sehenlassen.

RATH Wieso?

KIEPERT Nu komm' Se mal 'n bißchen mit!

RATH Warum? 15

KIEPERT In die Fremdenloge.

RATH Weshalb?

KIEPERT Na, Sie woll'n doch die Lola singen hören?

RATH Lola?

KIEPERT Ja. 20

RATH Ja, Lola.

Kiepert nimmt Raths Arm and führt ihn hinaus zur Bühne, wo Lola singt. Während der ersten Strophe kommen Rath und Kiepert ins Lokal und begeben sich in die Loge. Rath ist fasziniert.

LOLA (*singt*) 25
    Ein rätselhafter Schimmer,
    Ein je-ne-sais-pas-quoi,
    Liegt in den Augen immer
    Bei einer schönen Frau!
    Doch wenn sich meine Augen 30
    Bei einem vis-à-vis
    Ganz tief in seine saugen,
    Was sagen dann die?

KIEPERT Halt! Tusch! Meine verehrten Damen und Herren, ich gestatte mir, Ihnen unsern heutigen 35 Ehrengast vorzustellen: Professor Immanuel Rath, Professor am hiesigen Gymnasium.

na wenn schon big deal

von Kopf bis Fuß from head to toe   **eingestellt** focused
die Welt world

umschwirren to flutter around   **die Motte** moth
verbrennen to burn

Fragen

1. Warum eilen Guste und Lola zu Raths Hilfe?
2. Warum ist der Wirt wütend?
3. Wohin geht Lola?
4. Wer bleibt in der Garderobe?
5. Was gibt Kiepert dem Professor?

RUFE AUS DEM PUBLIKUM   Mensch, na wenn schon.
LOLA   Prost, Professorchen. (*Sie applaudiert ihm. Lola singt weiter*)
    Ich bin von Kopf bis Fuß auf Liebe eingestellt,
    Denn das ist meine Welt und sonst gar nichts.   5
    Das ist—was soll ich machen—meine Natur,
    Ich kann halt lieben nur und sonst gar nichts.
    Männer umschwirren mich wie Motten um das Licht
    Und wenn sie verbrennen, dafür kann ich nichts.
    Ich bin von Kopf bis Fuß auf Liebe eingestellt,   10
    Denn das ist meine Welt und sonst gar nichts.

Abblende.

6. Wohin geht Kiepert mit Rath?
7. Was liegt in den Augen einer schönen Frau?
8. Wen stellt Kiepert als Ehrengast vor?
9. Auf was ist Lola von Kopf bis Fuß eingestellt?
10. Wer umschwirrt sie wie Motten das Licht?

leer empty, unused
niemand scheuen to fear nobody

schnarchen to snore
die Puppe doll
die Bettkante edge of the bed
hinunterdrücken to press down
zwitschern to chirp
gerührt touched

der Morgenrock dressing gown
die Kaffeekanne coffee pot

einen Diener machen = sich verbeugen
der Löffel spoon   **die Kaffeetasse** coffee cup

Es ist wieder Morgen. Raths leeres Bett und das darüber hängende Motto: „Tue recht und scheu niemand" werden sichtbar. Die Kamera schwenkt nach unten und erfaßt Raths leeres Bett. Von draußen hört man die Wirtschafterin rufen.

WIRTSCHAFTERIN Herr Professor, das Frühstück. 5

· *Sie betritt das Zimmer und entdeckt das leere Bett.*

Lolas Schlafzimmer. Rath liegt angezogen und schnarchend mit einer Puppe im Arm auf Lolas Bett. Er fährt auf und schaut sich verwirrt im Zimmer um. Auf der Bettkante sitzend, spielt er mit der Puppe, aus der, wenn er ihren Arm hinunterdrückt, eine 10 *Melodie erklingt. Plötzlich fängt ein Vogel an zu zwitschern. Rath schaut gerührt auf und lächelt. Liebevoll sieht er den Käfig an, in dem ein kleiner Vogel lustig herumhüpft und trillert.*

Lola steht im Morgenrock vor einem Tisch in der Mitte des Zimmers, auf dem das Frühstück bereitsteht. Mit der Kaffeekanne 15 *in der Hand wendet sie sich zu Rath und lächelt.*

LOLA Morgen, Immanuel.
RATH Guten Morgen.

Rath macht höflich einen Diener und richtet seine Krawatte. Mit einem Löffel schlägt Lola an eine Kaffeetasse. 20

99

der Schatz (Schatzi) darling

beim Anziehen behilflich sein   to help (someone) get dressed

Süßer sweetie   **schnarchste** = schnarchst du

des Guten zu viel getan = zu viel getrunken
die Pulle = die Flasche   **du verträgst schon ganz ordentlich 'n
Stiebel (Stiefel)** you can drink quite a lot

LOLA Frühstück, Herr Professor!

Rath zieht seine Weste an, streicht mit der Hand durch seine
Haare und nimmt die Jacke vom Stuhl. Lola kommt zu ihm und
nimmt ihn bei der Hand.

LOLA Komm' doch, Schatzi, der Kaffee wird kalt.   5

Sie führt ihn an den Tisch und ist ihm beim Anziehen der Jacke
behilflich.

LOLA So, setz dich. *(Sie setzen sich an den Tisch und Lola*
gießt etwas Milch ein.) Sag' mal, Süßer, schnarchste immer
so?   10
RATH Ich glaube, ich habe gestern des Guten zuviel getan.
LOLA Ach, die paar Pullen Sekt. Du verträgst schon ganz
ordentlich 'n Stiebel. Eins, zwei . . .? *(Sie gibt ihm einige*
Zuckerwürfel.)
RATH Drei.   15
LOLA Du bist ja wirklich 'n Süßer. . . . Schmeckt's?

köstlich exquisitely   **hervorragend** excellently
siehste = siehst du

unverheiratet unmarried

die Taschenuhr pocketwatch
sich vergewissern to ascertain   **tatsächlich** indeed

darstellen to depict   **der Heiligenschein** halo
die Wolke cloud   **schweben** to float, soar
  die Harfe harp
malen to paint, draw

die Ecke corner

die Erregung agitation   **die Nelke** carnation

das Knopfloch buttonhole
stillhalten to keep still
einen Kuß geben = küssen
adieu sagen = auf Wiedersehen

halbwegs halfway   **hinuntereilen** to hurry down
knien to kneel

der Stab bar

RATH   Köstlich. Hervorragend.

LOLA   Na siehste, das könnste nu' alle Tage haben.

RATH   Dem stünde nichts im Wege. Ich bin ja unverheiratet.

In dem Moment ertönt von der Kirchturmuhr „Üb' immer Treu 5
und Redlichkeit." Rath stellt seine Tasse hin, als die Uhr acht
schlägt. Hastig zieht er seine Taschenuhr hervor, um sich zu
vergewissern, daß es tatsächlich schon so spät ist.

RATH   Ich muß in die Schule. Ich muß jetzt schnell in die
Schule.   10

Klassenzimmer. Lohmann zeichnet eine Karikatur des Professors
auf die Wandtafel. Sie stellt ihn als Engel mit Heiligenschein dar,
der durch die Wolken schwebt und seine Harfe spielt, von der die
Worte „Lola Lola" ertönen. Während er malt, sieht Lohmann
immer wieder nach der Tür, durch welche Rath jeden Augenblick 15
kommen kann. In einer Ecke des Klassenzimmers wird Angst von
Ertzum festgehalten.

Rath ist immer noch bei Lola, nun mit Hut und Mantel bekleidet
und in höchster Erregung. Mit einer Nelke in der Hand geht Lola
auf ihn zu.   20

LOLA   Komm' mal her. (*Sie will ihm die Blume ins Knopfloch*
stecken.) Halt doch mal still. So, damit du an mich denkst.
(*Sie versucht, ihm einen Kuß zu geben, aber er eilt davon.*) Ja,
was ist? Sagst nicht adieu?

Rath, der bereits halbwegs die Wendeltreppe hinuntergeeilt ist, sieht 25
nicht zu ihr hinauf. Lola kniet hin und beugt sich die Treppe
hinunter.

LOLA   Gib' mir mal 'n Kuß! (*Rath steckt seinen Kopf durch die*
Stäbe und sie küßt ihn.) Hast mich auch lieb?

RATH   Ja, . . . ja. Doch, doch. Auf Wiedersehen.   30

Während er die Treppe hinuntereilt, ruft sie ihm nach.

die Elektrische = die Strassenbahn

übereilt hurried   **der Abgang** departure

fliehen to flee

Fragen

1. Was hängt über Raths Bett?
2. Was entdeckt die Wirtschafterin?
3. Wo ist Rath?
4. Was macht er?
5. Was passiert, wenn Rath den Arm der Puppe hinunter-drückt?
6. Was hört Rath?
7. Wie ist Lola angezogen?
8. Was hat sie für Rath bereitet?

LOLA Du! Paß auf die Elektrische auf!

Zwei Putzfrauen beobachten seinen übereilten Abgang und eine grüßt ihn.

EINE DER PUTZFRAUEN Guten Morgen, Herr Professor.
RATH Guten Morgen.   5

Er sielt sich höchst irritiert um und flieht. Abblende.

---

  9. Bei was ist sie ihm behilflich?
10. Was erzählt Rath Lola?
11. Was hört man vom Kirchturm?
12. Wo muß Rath schnell hin?
13. Was macht Lohmann im Klassenzimmer?
14. Wohin sieht er immer wieder?
15. Was passiert Angst?
16. Was steckt Lola in Raths Knopfloch?
17. Auf was soll er aufpaßen?

das Schulgebäude school building
das Zifferblatt face of the clock   **ora et labora** (Latin) = bete
und arbeite
der Haupteingang main entrance

anlangen = ankommen
die Klinke door handle
niederdrücken = hinunterdrücken   **zögern** to hesitate
horchen to listen

der Frack dress suit

die Mühe effort   **der Schwamm** sponge

die Unterstützung support

Die Uhr des Schulgebäudes zeigt zehn Minuten nach acht. Über dem Zifferblatt der Uhr steht das Motto: ,,Ora et Labora,'' Rath eilt durch den Haupteingang ins Gebäude.

Im Flur angelangt, zieht er seinen Mantel aus und geht an die Tür. Bevor er die Klinke niederdrückt, zögert er noch einen 5 *Augenblick und horcht mit dem Ohr an der Tür. Endlich betritt er das Klassenzimmer und alle Schüler erheben sich wie üblich von ihren Plätzen.*

RATH   Setzen.

Zuerst sieht man die andere Seite der Tafel, auf der sich eine 10 *weitere Karikatur befindet. Sie stellt Rath in Frack und Zylinder dar; eines von Lolas Beinen liegt auf seiner Schulter. Schwenk zur Engelkarikatur. Rath betrachtet die beiden Karikaturen und dreht sich dann langsam der Klasse zu. Er ist so wütend, daß er sich nur mit größter Mühe beherrschen kann. Er nimmt den Schwamm* 15 *und beginnt hastig, die erste der Zeichnungen zu entfernen. Ertzum springt plötzlich auf.*

ERTZUM   Herr Professor, es riecht hier nach Unrat.

Er wendet sich zur Klasse, um Unterstützung zu suchen.

KLASSE   *(im Chor)* UNRATH! UNRATH! UNRATH!   20

gänzlich = vollkommen
johlen   to yell, howl

beunruhigt upset   **der krach** noise   **erscheinen** to appear
bebend vor Wut shaking with rage
randalieren   to create a noisy disturbance

das Zuchthaus penitentiary

verstummen to fall silent   **die Meute** mob

der Hof courtyard   **das Weitere wird sich finden** further steps will be taken

Rath steht wie erstarrt vor der Tafel, den Schwamm noch in der
Hand. Er hat jetzt gänzlich die Kontrolle über die Klasse verloren.
Das Pfeifen und Johlen kann durch die ganze Schule gehört
werden. Im Korridor sammeln sich die anderen Professoren,
beunruhigt durch den Krach. Nach einigen Minuten erscheint 5
auch der Direktor und begibt sich sofort in den Tumult des
Klassenzimmers. Rath steht bebend vor Wut hinter seinem
Katheder und brüllt die noch immer randalierenden Schüler an.

RATH Still! Ich bringe Sie alle ins Zuchthaus. Elende
Buben!   10

Beim Anblick des Direktors verstummt die Meute sofort.

DIREKTOR Verlassen Sie das Klassenzimmer! Begeben Sie
sich auf den Hof! Das Weitere wird sich finden.

Die Schüler verlassen ruhig das Klassenzimmer, während der
Direktor die Zeichnungen an der Wandtafel betrachtet.   15

DIREKTOR Nicht ohne Talent.

gefährden to endanger   **eine solche Person** such a person
(derogatory in tone)
ich muß doch sehr bitten I beg your pardon
zukünftig future

das kann doch nicht Ihr Ernst sein! you can't be serious
vollständig complete   **ich verbitte mir jede weitere**
Bemerkung I will not stand for any other remarks

die Angelegenheit matter   **weitergeben** to pass along

entschlossen determined
der Gesichtsausdruck facial expression   **verlassen** lost

sich besinnen to remember, recollect

das Taschenmesser pocket knife   **einstecken** to put in one's
pocket   **einsam** lonely, alone
erschöpft exhausted

Fragen

1. Wie spät ist es?
2. Was steht auf der Schuluhr?
3. Was bedeutet das?
4. Was macht Rath an der Tür des Klassenzimmers?
5. Was machen die Schüler wenn der Professor eintritt?
6. Was ist auf die Tafel gezeichnet?
7. Was stellt diese Zeichnung dar?
8. Was sagt Ertzum?
9. Was hat Rath verloren?

Indem er das sagt, entfernt er die Nelke aus Raths Knopfloch,
riecht daran und gibt sie Rath zurück.

DIREKTOR Ich verstehe Sie. Aber wie können Sie denn
Ihre ganze Zukunft gefährden wegen einer solchen
Person?   5
RATH Ich muß doch sehr bitten, Herr Direktor. Sie
sprechen von meiner zukünftigen Frau.
DIREKTOR Was? Das kann doch nicht Ihr Ernst sein!
RATH Es ist mein vollständiger Ernst. Ich verbitte mir jede
weitere Bemerkung.   10
DIREKTOR Tut mir sehr leid, lieber Herr Kollege, aber da
muß ich die Angelegenheit weitergeben.

Der Direktor verläßt das Klassenzimmer mit entschlossenem
Gesichtsausdruck. Rath steht einen Augenblick verlassen vor seiner
Engelkarikatur, legt die Nelke auf das Katheder und setzt sich   15
schwerfällig. Nach einer Weile besinnt er sich; er legt das
Klassenbuch ins Katheder, entnimmt sein schwarzes Notizbuch und
ein Taschenmesser und steckt beide ein. Er steht nun einsam vor
den leeren Bänken, legt seine Bücher wieder auf das Katheder und
sinkt erschöpft auf seinen Stuhl, als er die noch daliegende Nelke   20
erblickt. Abblende.

10. Wie reagieren die anderen Professoren auf den Lärm?
11. Wer erscheint daraufhin?
12. Wohin will Rath die randalierenden Schüler bringen?
13. Wohin schickt der Direktor die Schüler?
14. Was macht der Direktor mit der Nelke?
15. Was sagt Rath über Lola?
16. Was antwortet der Direktor darauf?
17. Was macht Rath in seinen letzten Minuten als Lehrer?

die Unordnung disorder
das Gepäckstück piece of luggage

die Klamotten stuff, belongings
deinetwegen because of you   **der Zug** train

mit den Schultern zucken to shrug one's shoulders
gelangweilt bored   **klopfen** to knock

gewaltig huge
der Strauß bouquet

zusammenstoßen to collide
zu tun haben to be busy

sich den Kopf zerbrechen to rack one's brain

herumeilen to rush around
drücken to press, crush

*Bei Lola herrscht inzwischen Unordnung. Kiepert marschiert
zwischen offenen Gepäckstücken auf und ab.*

KIEPERT Nun pack schon deine paar Klamotten zusammen. Deinetwegen wird der Zug nicht auf uns warten!   5

*Guste zuckt gelangweilt mit den Schultern. Da klopft es an der
Tür.*

KIEPERT Herein!

*Es ist Rath in seinem besten Sonntagsanzug mit einem gewaltigen
Strauß weißer Rosen.*   10

KIEPERT Tag, Herr Professor. (*Er stößt mit Guste zusammen.*)
Aber du hast wohl gar nichts zu tun hier? Wozu hab' ich
dich denn geheiratet?
GUSTE Darüber hab' ich mir auch schon den Kopf
zerbrochen.   15
KIEPERT (*zu einem der Herumeilenden*) Hier, die Blumen
einpacken. Aber vorsichtig, damit sie nicht gedrückt
werden. (*zu Rath*) Was steh'n Sie denn hier herum? Geh'n
Sie doch rauf, Sie kenn'n doch den Weg.

Langsam steigt Rath die Treppen zu Lolas Schlafzimmer hinauf.   20
Lola packt ihre Koffer, die auf ihrem Bett liegen.

die Wange   cheek

riechen   to sniff, smell

das Geschenk   gift
annehmen   to accept   **das Kästchen**   small case

gleichzeitig   simultaneously   **um die Hand anhalten**   to
propose marriage
willste = willst du

sich schütteln vor Lachen   to shake with laughter

sich beruhigen   to calm down
sich entziehen   to withdraw

sich des Ernstes dieser Stunde bewußt sein   to be aware of the
seriousness of the occasion

unangenehm   unpleasant

das Brautkleid   bridal gown

LOLA   Na, das ist aber nett, daß du mir noch adieu sagen kommst.

RATH   Mein liebes Fräulein Lola. Ich . . .

Lola erhebt sich vom Packen und geht auf ihn zu.

LOLA   Ach, und die schönen Blumen. Danke.   5

Sie gibt ihm einen Kuß auf die Wange, geht wieder an ihr Bett, dreht sich aber noch einmal um und lächelt. Rath ist verlegen und spielt nervös mit seinem Hut. Lola riecht an den Blumen und legt sie auf das Bett.

LOLA   Mach doch nicht so'n trauriges Gesicht. Ich komm'   10
doch nächstes Jahr wieder.

RATH   Mein liebes Fräulein Lola, ich habe Ihnen noch etwas mitgebracht. (*Er holt ein kleines Päckchen aus seiner Tasche.*) Würden Sie dieses als Geschenk von mir annehmen? (*Lola macht das Kästchen auf und findet darin*   15 *einen Ring. Erstaunt nimmt sie ihn heraus und steckt ihn an ihren Finger.*) Und darf ich gleichzeitig um Ihre Hand anhalten?

LOLA   Mich willste heiraten?

RATH   Ja.   20

Lola schüttelt sich vor Lachen. Immer noch lachend, geht sie mit offenen Armen auf Rath zu und nimmt ihm Hut und Mantel ab. Sie beruhigt sich etwas und versucht, Rath zu umarmen, aber dieser entzieht sich ihr und sieht sie ernsthaft an.

LOLA   Gott, du bist ja so süß.   25

RATH   Ich hoffe, mein Kind, du bist dir des Ernstes dieser Stunde voll bewußt.

Lola beruhigt sich und auch ihr scheint die Situation unangenehm zu werden. Rath umarmt und küßt sie. Abblende.

Lola, im Brautkleid, lehnt sich an Raths Schulter, während vom   30

Felix Mendelssohn-Bartholdy, German composer (1809–1847).
The "Wedding March" is a part of Mendelssohn's *A Midsummer
Night's Dream,* composed when he was seventeen years old.
die Hochzeitsgesellschaft wedding party   **sich erheben** =
aufstehen   **hochleben lassen** traditional cheers at festive
occasions

die Ansprache speech
vorbereiten to prepare

unterbrechen to interrupt   **weinen** to cry
ewig eternal   **die Quasselei** prattle
die Heulerei bawling

kennenlernen to become acquainted
Frau Professor professor's wife

Klavier Mendelssohns „Hochzeitsmarsch" erklingt. Die Gäste einer
lustigen Hochzeitsgesellschaft erheben sich, um das Paar hochleben
zu lassen.

ALLE GÄSTE
  Hoch soll'n sie leben, hoch soll'n sie leben, dreimal hoch.   5
  Hoch soll'n sie leben, hoch soll'n sie leben, dreimal hoch.
  Hoch soll'n sie leben, hoch soll'n sie leben, dreimal hoch.

Alle setzen sich, außer Kiepert, der sich auf eine Ansprache
vorbereitet.

KIEPERT   Meine Damen! Meine sehr verehrten Herrn. Ich   10
  gestatte mir heute . . .
GUSTE   (*unterbricht ihn weinend*) Hör auf! Hör auf mit der
  ewigen Quasselei.
KIEPERT   Nun geht die Heulerei wieder los. (*Er setzt sich.*)
GUSTE   Genau so schön war meine Hochzeit. (*zu Rath*)   15
  Wenn ich Sie damals kennengelernt hätte, wäre ich
  vielleicht auch jetzt Frau Professor. Jetzt habe ich nur
  diesen Zauberkünstler.

die faule Zauberei   rotten magic

das Ei   egg

stolz   proud
Achtung!   attention!

gackern   to cackle
das Kikeriki   cock-a-doodle-doo   **erschallen**   to resound
weiterhin   further   **krähen**   to crow   **allgemein**   general
die Belustigung   amusement

Fragen

1. Wie sieht Lolas Garderobe aus?
2. Wie ist Rath angezogen?
3. Was bringt er Lola?
4. Wohin geht Rath?
5. Was gibt ihm Lola?
6. Was findet Lola in Raths Päckchen?
7. Warum gibt Rath ihr dieses Geschenk?
8. Was macht Lola daraufhin?
9. Was hört man vom Klavier?

KIEPERT Jawohl, ich bin ein Zauberkünstler.

GUSTE Jetzt fängt er wieder an mit der faulen Zauberei.

KIEPERT Setz dich jetzt hin! Du wirst mich nicht daran hindern, dem Professor eine Probe meiner Kunst zu zeigen. (*zu Rath*) Ich werde mir jetzt erlauben, Ihnen ein paar Eier aus der Nase zu ziehen. Sie sehen, ich habe nichts in meiner Hand. (*Er fasst Rath an der Nase.*) Könn' Sie stolz darauf sein. (*Plötzlich hält er ein Ei in der Hand.*) Achtung, Achtung, Herr Professor, Achtung.

Es ertönt ein Tusch, gefolgt von Applaus.

Kiepert gibt Rath das Ei und setzt sich. Lola sieht Rath von der Seite an und beginnt, wie eine Henne zu gackern. Rath läßt ein lautes „Kikeriki" erschallen. Er lächelt und betrachtet Lola, die weiterhin gackert. Er kräht noch mehrere Male zur allgemeinen Belustigung.

10. Wie ist Lola angezogen?
11. Was machen die Gäste der lustigen Hochzeitsgesellschaft?
12. Was denkt Guste von der Rede ihres Mannes?
13. Was macht Guste?
14. Auf was ist Kiepert stolz?
15. Was zieht Kiepert aus Raths Nase?
16. Wie reagiert Lola?
17. Wie reagiert Rath?

die Gardine drape

der Polstersessel overstuffed chair

der Inhalt contents   **ungeschickt** clumsy
die Werbepostkarte advertising postcard

an dir ist Hopfen und Malz verloren you are a total loss

man kann nie wissen one never knows

die Falte crease

In einem Hotelzimmer geht Rath unruhig auf und ab, während sich Lola hinter einer Gardine umzieht.

Er läßt sich in einen Polstersessel fallen und raucht. Lola steckt ihren Kopf durch die Gardine.

LOLA Schatzi, gib' mir doch mal den kleinen Koffer. 5

Rath springt auf, nimmt den obersten Koffer eines Stapels und läßt dessen Inhalt ungeschickt herausfallen. Der Boden ist nun mit Lolas Werbepostkarten bedeckt. Lola sieht ihm belustigt zu.

LOLA Na, an dir ist Hopfen und Malz verloren.
RATH Weshalb hast du denn die Postkarten eingepackt? 10
LOLA Was fragst denn so dumm? Die werden doch jeden Abend verkauft.
RATH So lange ich noch einen Pfennig besitze, werden diese Postkarten nicht verkauft.
LOLA Na, mann kann nie wissen. Heb' sie lieber auf. · 15

Sie verschwindet hinter der Gardine.

Rath sitzt neben einem Plakat von Lola in einem Lokal; man hört Applaus. Er sieht schrecklich aus: Haare und Bart sind zerzaust und sein Gesicht ist von tiefen Falten durchzogen. Auf der Bühne steht Lola und singt. 20

121

sich in acht nehmen   to beware
etwas Gewisses   a certain something

das Blickgeplänkel   an amorous exchange of glances
  das Geplänkel   skirmish

das Raubtier   predator

ausbreiten   to spread out

beenden   to finish
der Stummel   butt

LOLA   (*singt*)
Nimm dich in acht vor blonden Frauen,
Die haben so etwas Gewisses.
S'ist ihnen nicht gleich anzuschauen,
Aber irgend etwas ist es.   5
Ein kleines Blickgeplänkel sei erlaubt dir,

(Rath zieht ein Bündel Postkarten von Lola aus der Tasche.)

Doch denke immer: Achtung vor dem Raubtier!

(Rath breitet die Bilder auf einem Tablett aus.)

Nimm dich in acht vor blonden Frauen,   10
Die haben so etwas Gewisses.

*Lola beendet ihr Lied, verbeugt sich und verläßt die Bühne. Rath
drückt seinen Zigarettenstummel aus, geht mit dem Tablett durch
das Lokal und versucht, Lolas Postkarten zu verkaufen.*

In Lolas Garderobe liegt Kiepert rauchend auf dem Sofa. Der   15

erfolglos futile

schälen to peel

ungebildet uneducated

sich rasieren to shave
angucken = ansehen

die Tür zuknallen to slam the door

was fällt dir ein? how dare you?

wenn's dir nicht paßt, kannst du ja gehen if you don't like it,
   you can leave
wie ein Hund verrecken to die like a dog
weiterführen to continue to lead

die Tür fällt krachend ins Schloss the door slams shut

die Brennschere curling iron
der Strumpf stocking
bemitleidenswürdig pitiful
reglos = bewegungslos
geringschätzig contemptuously

Lärm des Lokals dringt herein. Rath bietet immer noch die Postkarten erfolglos an.

In der Garderobe sitzt Lola an ihrem Frisiertisch und schminkt sich, während Kiepert seine Zigarre genießt. Rath tritt ein, stellt das Tablett hin und leert sein halbvolles Glas Bier. Lola beginnt einen Apfel zu schälen.   5

LOLA   Na, wie war's Geschäft?

RATH   Zwei Postkarten. Dieses ungebildete Pack!

KIEPERT   Ungebildetes Pack! Sie haben's nötig! Sie haben sich nicht einmal rasiert. Wie seh'n Sie denn aus? So   10 kann man kein Geschäft machen. Ja, . . . ja, gucken Sie mich ruhig an! Wir sind hier nicht mehr in der Schule.

Er verläßt das Zimmer und knallt die Tür hinter sich zu. Rath setzt sich hinter Lola, die noch immer ihren Apfel schält.

LOLA   Er hat eigentlich ganz recht. Du könnt'st wirklich   15 etwas vom Rasieren annehmen. Sag mal, was fällt dir eigentlich ein, die Leute da draußen ungebildetes Pack zu nennen? Wir leben doch schließlich von ihnen.

RATH   Ja, wir leben von ihnen. Wir leben von ihnen.

LOLA   Wenn's dir nicht paßt, kannst du ja gehen.   20

RATH   Ja, ich gehe auch. Ich gehe, ich gehe, ich gehe. Ich kann nicht mehr, lieber wie ein Hund irgendwo verrecken, als dieses Leben weiterführen.

Er eilt aus dem Zimmer, die Tür fällt krachend ins Schloss. Lola sieht ihm nach, lächelt skeptisch und ißt ungerührt ihren Apfel. Sie   25 geht an den Ofen, legt ihre Brennschere darauf. Nachdem sie begonnen hat, ihre Strümpfe auszuziehen, öffnet sich die Tür und Rath betritt wieder das Zimmer; er sieht noch bemitleidenswürdiger aus als zuvor. Er macht die Tür zu und steht reglos vor Lola. Sie lächelt geringschätzig und setzt sich auf das Sofa.   30

LOLA   Na, ja! Gib mir doch mal meine Strümpfe.

entgegenstrecken to stretch out toward

die Brennschere curling iron

die Hitze heat
mildern to alleviate, ease

die Fotomontage a film editing process consisting of a series of
  brief shots, used here to indicate the passage of time
die Reihenfolge order

Fragen

1. Was macht Rath im Hotelzimmer?
2. Was macht Lola währenddessen?
3. Was fällt aus dem obersten Koffer?
4. Was will Rath wissen?
5. Was wird jeden Abend mit den Postkarten gemacht?
6. Neben was sitzt Rath?
7. Wie sieht er aus?
8. Über was singt Lola?

Er holt die Strümpfe und kniet vor Lola nieder, die ihm ihr linkes Bein entgegenstreckt. Während er ihr den Strumpf anzieht, läutet die Glocke zum Auftritt.

LOLA   Gib mir die Brennschere!

Er holt die Brennschere; Lola zieht den zweiten Strumpf selbst an.   5

LOLA   Is' doch viel zu heiß!

Rath schaut sich nach etwas um, das die Hitze der Schere ein wenig mildern könnte. Er reißt das Kalenderblatt vom 27. des Monats ab. Er legt es in die Schere und es verbrennt. Dann nimmt er das nächste Blatt mit dem Datum des 28. und danach   10
verschwinden—mittels Fotomontage—die Kalenderblätter in immer schnellerer Reihenfolge, bis das Jahr 1929 erscheint.

---

  9. Was macht Rath nachdem Lola ihr Lied beendet hat?
10. Wieviele Postkarten verkauft Rath?
11. Wie nennt er das Publikum?
12. Was will Rath nicht machen?
13. Was legt Lola auf den Ofen?
14. Was soll Rath Lola geben?
15. Was macht Rath mit der zu heißen Brennschere?

entmutigt discouraged
flackern to flicker   **die Kerze** candle

heruntergekommen deteriorated
der Strich streak, line   **die Augenbraue** eyebrow

die Perücke wig   **traurig** sad
anlegen to don, put on

der Kragen collar

Zigarre gefällig? Would you like a cigar?
  die Sumatraeinlage tobacco leaf from Sumatra

das Handtuch towel

verzerren to distort

gut aufgelegt sein to be in a good mood
allen Grund haben to have a good reason

vergnügt sein to be happy

durch den Kakao ziehen to make a fool of (coll.)

dazwischen quatschen = dazwischen reden
eine ganz große Nummer = eine große Bühnenattraktion

In einer anderen Garderobe sitzt Rath entmutigt an einem
Frisiertisch vor einer flackernden Kerze. Er sieht noch
heruntergekommener aus. Jetzt schminkt er sich und zieht einen
dicken Strich durch jede Augenbraue. Er setzt sich eine riesige
falsche Nase und eine Clownsperücke auf. Traurig schaut er in   5
den Spiegel und zieht müde an seiner Zigarette. Danach legt er
einen überdimensionalen Clownskragen an. Kiepert erscheint
hinter ihm in Frack und Zylinder.

KIEPERT Na, Professorchen, wie geht's denn heute?
Zigarre gefällig? Havanna mit Sumatraeinlage.   10

Lola erscheint, nur mit einem Handtuch bekleidet, und beschäftigt
sich im Hintergrund. Rath nimmt die Zigarre und riecht daran.
Dabie dreht er sich zur Kerze und das flackernde Licht verzerrt ihn
so, daß er dem Clown zu Beginn der Handlung gleicht.

RATH Der Herr Direktor sind ja heut gut aufgelegt.   15
KIEPERT Bin ich auch. Ich hab' auch allen Grund dazu.
Du kannst aber auch vergnügt sein. Du wirst meine erste
Attraktion.
LOLA Zieh doch den alten Mann nicht durch den Kakao!
Hat dir nichts getan.   20
KIEPERT Quatsch doch nicht immer dazwischen! Dein
Mann ist eine ganz große Nummer geworden. Hier.

129

einen Vertrag abschließen   to sign a contract

die Heimatstadt   home town

das werden Sie sich auch noch überlegen   you'll change your
  mind about that
das sieht Ihnen ähnlich   that's just like you
sich aushalten lassen   to let oneself be kept
ein paar Groschen verdienen   to earn a few pennies

(es) wird schon gehen   you'll make it, it's going to be all right

(es) ist erledigt   that's all, it's settled

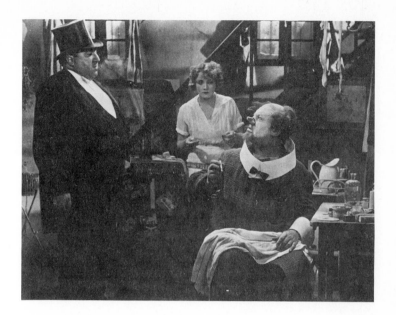

Vertrag. (*gibt ihr ein Telegramm*) Telegraphisch abgeschlossen. Und wo? Im „Blauen Engel."

RATH   Im „Blauen Engel"?

KIEPERT   Ja. Wir fahr'n in deine Heimatstadt. Große Reklame. Professor Immanuel Rath.   5

RATH   Niemals. Ich kehre nie in diese Stadt zurück.

KIEPERT   Das werden Sie sich auch noch überlegen.

RATH   Das werde ich mir nicht überlegen.

KIEPERT   So, das sieht Ihnen ähnlich. Fünf Jahre lang haben Sie sich von dieser Frau aushalten lassen. Und   10
jetzt, wo Sie zum ersten Mal ein paar Groschen verdienen können, da sagt der Herr Professor „nein, ich gehe nicht."

LOLA   Hör doch auf.

KIEPERT   Nein.   15

LOLA   Wird schon gehen.

RATH   Ich gehe nicht.

KIEPERT   Wir reisen morgen früh. Ist erledigt.

Fragen ────────────────────────────

1. Wie fühlt sich Rath?
2. Wie sieht er aus und was macht er mit seinem Gesicht?
3. Was legt er an?
4. Wer erscheint?
5. Was bietet ihm Kiepert an?
6. Wem gleicht Rath jetzt?

RATH   Nein, ich fahre nicht, niemals. Ihr könnt von mir
verlangen was Ihr wollt, aber das, das tue ich nicht.

LOLA   Reg' dich doch nicht auf.

RATH   Nein, nein, das tue ich nicht. Niemals.   5

LOLA   Mußt ja nicht gehen.

RATH   Nein, niemals.

---

7. Was wird Rath jetzt werden?
8. Was hat Kiepert telegraphisch gemacht?
9. Wo soll Rath auftreten?
10. Wer hat sich aushalten lassen?
11. Wann soll die Truppe reisen?
12. Will Rath fahren?

der Streifen strip
ankündigen to announce

die Säule pillar
sich verabschieden to say farewell   **abreisen** to depart

daß ich in dieses Loch (ein)mal wieder 'rinkomm'
(hereinkomme)   that I would come back to this hole

die hat sich . . . erheitert she didn't become more cheerful in the
last five years

dünner werden = **abnehmen**

Grüß Gott South German greeting

*Eine abendliche Straße. Ein Mann klebt quer über Lolas
Reklameplakat einen Streifen der den persönlichen Auftritt von
Professor Immanuel Rath ankündigt.*

*Im ,,Blauen Engel." An einer Säule steht der Wirt des ,,Blauen
Engel"; er verabschiedet sich von abreisenden Künstlern und* 5
begrüßt Kiepert und seine Truppe.

KIEPERT   Tag, Herr Direktor.
WIRT   Guten Tag, Herr Direktor. Ich seh', Sie sind auch
schon da.

Guste tritt hinzu. 10

GUSTE   Tag, Herr Direktor, das hätte ich auch nicht
gedacht, daß ich in dieses Loch mal wieder 'rinkomm'.
WIRT   Loch? Mein Lokal ein Loch? Aber . . .
KIEPERT   Die hat sich in den letzten fünf Jahren auch
nicht erheitert, meine Frau. 15
WIRT   (*zu Kiepert*) Viel dünner sind Sie aber auch nicht
geworden, Herr Direktor.
KIEPERT   Na, Sie haben aber auch nicht viel abgenommen.

*Ein Mitglied von Kieperts Truppe geht vorbei und grüßt den
Wirt.* 20

KÜNSTLER   Grüß Gott, Herr Direktor.

's (das) Geschäft dreht sich = das Geschäft geht gut

miterleben   to experience

die Vorstellung   performance

der Generaldirektor   high-level corporate title (here used
   ironically)
der Meister   master, maestro (also ironic)

Fische fangen = fischen
(ei)ne erste Nummer   main attraction   **au revoir, mon petit
   cochon** (French)   goodbye, my little pig

was ist denn das für eine Erscheinung?   What kind of a
   character is that?   **die Erscheinung**   figure, appearance

Pleite machen   to go bankrupt

Mahlzeit!   greeting at mealtime (here used ironically)

WIRT Grüß Gott.

KIEPERT (*zum Wirt*) Warum soll ich denn abnehmen. 's Geschäft dreht sich doch.

WIRT Na, dann is' ja gut.

KIEPERT Wie geht's denn bei Ihnen?   5

WIRT Na, jetzt geht's. Aber die letzten drei Wochen, na, so was habe ich noch nicht miterlebt.

Mazeppa, der „Starke Mann" der Vorstellung, tritt aus seiner Garderobe, seinen Koffer auf einer Schulter tragend. Er geht auf Kiepert und den Wirt zu.   10

MAZEPPA (*zum Wirt*) Auf Wiedersehen, Herr Generaldirektor.

WIRT Auf Wiedersehen, Meister. Aber hoffentlich nicht in den nächsten zehn Jahren.

MAZEPPA Ihr Geschäft eignet sich vielleicht zum Fische   15
fangen, aber nicht für 'ne erste Nummer. Au revoir, mon petit cochon.

KIEPERT (*zum Wirt*) Was ist denn das für eine Erscheinung?

WIRT Eine Woche und der Kerl hätte mich Pleite   20
gemacht.

Lola tritt herein. Sie geht an Mazeppa vorbei, der sie, sowie er sie erblickt, nicht mehr aus den Augen läßt.

WIRT Tag, Lola.

LOLA Tag.   25

Mazeppa hat sie noch immer nicht aus den Augen gelassen. Statt das Lokal zu verlassen, stellt er seinen Koffer wieder hin. Lola steht jetzt mit dem Wirt und Kiepert zusammen. Sie betrachtet erst diese Beiden und dann Mazeppa.

LOLA So viele schöne Männer hier auf einem Fleck.   30

KIEPERT Mahlzeit!

herausfordernd   provocative
sich abwenden   to turn away

schimpfen   to scold, complain

aufeinanderstellen   to pile on top of each other
aufpassen   to watch out
vorkommen   to happen

verpassen Sie nur nicht den Zug   don't miss your train

selbstsicher   self-assured

der Eindringling   intruder
zurücktreten   to step back   **ihr den Vortritt lassen**   to let her
    go first

permettez-vous (French) = erlauben Sie

sich zurücklehnen   to lean back

ein Mann der Tat   a man of action

stürmisch   impetuous

auf ein paar Stunden kommt's bei mir nicht an   a few hours
    don't matter to me

Kiepert geht. Lola legt ihre Hände auf die Hüften und sieht Mazeppa herausfordernd an. Mazeppa lächelt und zieht den Hut. Lola wendet sich ab und geht auf die Garderobe zu.

Von der Garderobe her hört man Guste schimpfen.

GUSTE Stell' doch die Koffer nicht alle aufeinander. Wie   5
soll man denn da aufpassen. So was ist mir auch noch
nicht vorgekommen, alles auf die Erde. Fräuleinchen!

Lola geht in die Garderobe hinein, dreht sich aber noch einmal zu Mazeppa um und lächelt ihm zu. Indem er ihr folgt, geht Mazeppa am Wirt vorbei.   10

WIRT Verpassen Sie nur nicht den Zug.
MAZEPPA Mensch, was verstehst du denn von der Liebe.

In der Garderobe richtet Lola ihr Haar vor dem Spiegel. Mazeppa tritt ein und geht selbstsicher zu der Wendeltreppe, die ins Schlafzimmer führt. Dann sieht er Lola und lächelt ihr zu. Lola   15
rückt ihren Mantel zurecht und nähert sich dem Eindringling. Mazeppa tritt gallant zurück um ihr den Vortritt zu lassen, zieht den Hut und spricht sie auf französisch an.

MAZEPPA Permettez-vous, Madame. Erlauben Sie, daß ich
mich bekanntmache: Mazeppa, Hans Adelbert Mazeppa.   20

Lola lehnt sich zurück und lächelt ihn an.

MAZEPPA So bin ich nun mal, ein Mann der Tat. (*Er versucht, sie übers Geländer hinweg zu küssen.*)
LOLA Seien Sie doch nicht so stürmisch. Wir haben doch
Zeit, nicht?   25

Sie lächelt ihm zu und geht die Treppe hinauf. Fasziniert schaut er ihr nach und ruft dann die Treppe hinauf.

MAZEPPA Auf ein paar Stunden kommt's bei mir nicht an.

Fragen

1. Was wird auf Lolas Reklameplakat geklebt?
2. Von wem verabschiedet sich der Wirt?
3. Wer kommt gerade an?
4. Wie nennt Guste den „Blauen Engel"?
5. Geht Kieperts Geschäft gut?
6. Wie ging das Geschäft in den letzten drei Wochen im „Blauen Engel"?

7. Wer tritt aus der Garderobe?
8. Freut sich der Wirt auf ein Wiedersehen mit Mazeppa?
9. Wer läßt Lola nicht aus den Augen?
10. Wie sieht Lola Mazeppa an?
11. Was macht Guste?
12. Was soll Mazeppa nicht verpassen?
13. Wer sagt, daß er ein Mann der Tat sei?

sich drängen to crowd
Ordnung schaffen to keep order

s'alles = es ist alles   **ausverkauft** sold out

die Kapelle band

geniessen to enjoy

die tänzerische Darbietung dance entertainment
die Zurufe aus dem Publikum shouts from the audience

*Es ist inzwischen Abend geworden. Vor dem Eingang zum
„Blauen Engel“ drängt sich eine Menge und ein Polizist versucht
verzweifelt, Ordnung zu schaffen.*

POLIZIST   Gehen Sie ruhig nach Hause, s'alles ausverkauft.

Im Saal fängt die Kapelle an zu spielen. Hinter den Kulissen   5
*stehen Mazeppa und Lola. Mazeppa hält einen gewaltigen
Blumenstrauß in der Hand und genießt eine dicke Zigarre. Sie
lächeln einander an und gehen aus dem Bild.*

*Auf der Bühne unterhalten inzwischen sechs Mädchen das
Publikum mit ihren tänzerischen Darbietungen. Es ertönen laute*   10
Zurufe aus dem Publikum.

PUBLIKUM   Den Professor . . . den Professor.

*Lola erscheint auf der Bühne. Sie lächelt der Kapelle zu, geht zur
Mitte der Bühne und beginnt zu singen.*

LOLA   *(singend)*   15
   Nimm dich in acht vor blonden Frauen,
   Die haben so etwas Gewisses.
   S'ist ihnen nicht gleich anzuschauen,
   Aber irgend etwas ist es.
   Ein kleines Blickgeplänkel sei erlaubt dir,   20

zujubeln   to cheer

versteinert   petrified

der heutige Abend ist entscheidend   tonight is crucial
wenn alles klappt   if everything works out   **ein gemachter
Mann sein**   to have it made
Skala, Alhambra, Hippodrome   famous variety stages of that
period

der Größenwahn   megalomania
vorläufig   for the time being
miesmachen   to badmouth

Doch denke immer: Achtung vor dem Raubtier!
Nimm dich in acht vor blonden Frauen,
Die haben so etwas Gewisses.

Die Kamera richtet sich auf den Saal, der bis auf den letzten Platz
gefüllt ist. Das Publikum jubelt Lola zu.   5

In der Zwischenzeit sitzt Rath wie versteinert vor dem Spiegel in
der Garderobe. Kiepert schminkt den bewegungslosen Rath.

KIEPERT Der heutige Abend ist entscheidend für deine
ganze Karriere. Wenn jetzt alles klappt, bist du ein
gemachter Mann. Skala-Berlin. Alhambra-London.   10
Hippodrome-New York.

Die Kamera erfaßt nun auch Guste, die neben dem Spiegel steht.

GUSTE Hör doch auf, der bekommt ja Größenwahn.
Vorläufig sind wir noch im „Blauen Engel."
KIEPERT Miesmachen, das kannst du.   15

ich weiß, was in Ihnen vorgeht   I know how you feel

der Erfolg   success

den Mund halten   to shut up

der zweite Herr Bürgermeister   deputy mayor

ein Auge riskieren   to take a quick look   **abgehen**   to exit

Alles ist da   everyone who matters is here
so'n Betrieb   such activity

nimm dir ein Beispiel an mir   take an example from me
jetzt geht's um die Wurscht (Wurst)   this is the big chance

der Feuerwehrmann   fireman

GUSTE Was kannst du denn schon?

KIEPERT Ach, quatsch mich nicht an. Wo ist denn die Nase?

GUSTE Nase?

KIEPERT Naja, die Nase. Du hast sie doch gehabt!   5

GUSTE Ich hab' sie gehabt? Du hast sie gehabt!

KIEPERT Ich hab' sie gehabt?!! (*Er nimmt die Nase aus einer Schachtel, die Guste in der Hand hält.*)

GUSTE Lassen Sie sich nicht nervös machen. Ich weiß, was in Ihnen vorgeht, Professorchen. Ich war genau so   10
aufgeregt vor zwanzig Jahren bei meinem ersten Erfolg.

KIEPERT Kannst du endlich mal für ein paar Minuten deinen Mund halten, ja?

Die Tür öffnet sich und der Wirt tritt herein.

WIRT Stühle, Stühle! Der zweite Herr Bürgermeister ist   15
auch da. (*Er geht ab.*)

GUSTE Der Bürgermeister? Da riskier ich 'n Aug'! (*Sie geht auch ab. Der Wirt kehrt zurück mit zwei Stühlen.*)

WIRT Nur nicht aufgeregt sein, Herr Professor. Total ausverkauft. Alles ist da. Da werden Sie was erleben. Ihre   20
Kollegen, Ihre Schüler. Alles ist da. Na, so'n Betrieb. Nur nicht aufgeregt sein, Herr Professor.

KIEPERT Sehr richtig. Er hat ganz recht, nur nicht aufgeregt sein. (*Es klingelt zum Auftritt.*) Laß dich nicht nervös machen. Nimm dir ein Beispiel an mir. (*Es klingelt*   25
wieder.) Jetzt geht's um die Wurscht.

Er klopft Rath auf die Schulter und geht aus dem Bild. Ein in sich zusammengesunkener Rath bleibt mit leerem Blick zurück. Vor der Garderobentür stehen ein Feuerwehrmann und ein Bühnenarbeiter und schauen den von der Bühne kommenden   30
Tänzerinnen nach. Ihnen folgen Lola und Mazeppa.

Fragen ————————————————————————————

1. Was macht der Polizist vor dem ,,Blauen Engel"?
2. Wo sind Lola und Mazeppa?
3. Wen will das Publikum sehen?
4. Wer erscheint auf der Bühne?
5. Wie reagiert das Publikum auf Lolas Lied?
6. Wer schminkt Rath?

7. Für was ist dieser Abend entscheidend?
8. Was sucht Kiepert?
9. Welcher Honoratior kommt zu dieser Vorstellung?
10. Wer soll nicht aufgeregt sein?
11. Wer steht vor der Garderobentür?

betäubt stunned

(he)ran gehen to attack, approach boldly

geheuchelte Scham sham modesty **die Augen zu Boden sinken lassen** to cast one's eyes down

den Bajazzo markieren to behave like Canio in the opera *I Pagliacci* by Leoncavallo (Canio kills his wife out of jealousy) **dicke Luft** unpleasant atmosphere

der Kraftakt strong-man act

zerreißen to rupture **erstickend** suffocating

mach deinen Klamauk do your stuff

das Spiegelbild reflection

In der Garderobe sitzt Rath immer noch wie betäubt. Auch die vorbeieilenden Tänzerinnen nimmt er nicht wahr. Lola und Mazeppa betreten jetzt die Garderobe.

MAZEPPA Wenn ich 'ne schöne Frau sehe, da gehe ich auch gleich richtig ran. Dafür bin ich nun mal bekannt. 5

In geheuchelter Scham läßt Lola die Augen zu Boden sinken. Langsam wendet Rath Lola den Kopf zu und sieht sie voll Erstaunen an.

LOLA (*zu Rath*) Was hast du denn? Was machst' denn für ein Gesicht? Immer, wenn ich mal 'n bißchen gute Laune 10 habe, markierst du den Bajazzo.
MAZEPPA Was ist denn los hier? Wohl so'n bißchen dicke Luft, was? Na, das kommt in den besten Familien vor. Gestatten Sie, daß ich mich bekannt mache: mein Name ist Mazeppa. Hans Adelbert Mazeppa. Kraftakt. 15

Rath bleibt unbeweglich sitzen, während Lola arrogant lächelt. Die Glocke zum Auftritt zerreißt die erstickende Stille.

LOLA (*zu Rath*) Was sitzt denn noch hier rum: Geh' raus! Mach dein Klamauk!

Mazeppa nimmt die Sektflasche, während Lola aus dem Bild tritt 20 *und nur noch als Spiegelbild sichtbar ist.*

151

der Olle = der Alte
bißchen Krellkümmel a drink to perk you up

nicht ganz richtig sein to be not quite sane

was ist mit Ihnen? what is the matter with you?

MAZEPPA Was hat denn der Olle? Na, Herr Kollege, bißchen Krellkümmel, was? (*gießt ihm ein Glas Sekt ein*) Kann nie was schaden.

Er nimmt die Flasche und ein zweites Glas und geht zusammen mit Lola vorsichtig die Treppe zu ihrem Schlafzimmer hinauf.   5

MAZEPPA Der Junge ist nicht ganz richtig.

Rath dreht sich langsam um. Man kann Lolas Lachen von der Treppe herab hören. Rath steht auf, geht ans Treppengeländer und schaut hinauf. Lola lacht wieder und Mazeppas Stimme wird hörbar.   10

Plötzlich geht die Tür auf und Guste tritt herein.

GUSTE (*auf Rath zugehend*) Um Gottes Willen, wo bleibt Ihr denn? Was ist denn mit Ihnen?

Rath dreht sich langsam zu ihr um. Sie sieht ihn erschrocken an und schreit die Treppe hinauf.   15

im Stich lassen to leave in the lurch

was ist denn dir in die Krone gefahren? what's gotten into you?

der Ausdruck expression   **ehrlich** honest

GUSTE   Lola, komm' runter.

Sie tritt aus dem Bild und Rath bleibt zurück, heftig den Kopf schüttelnd.

RATH   Ich trete nicht auf.

Kiepert tritt herein.   5

KIEPERT   Was fällt dir denn ein? Bist du denn wahnsinnig geworden? Kannst mich doch jetzt nicht im Stich lassen, einige Minuten vor dem Auftritt! Das geht doch nicht, Mensch!

Lola kommt die Treppe herunter und geht auf Rath zu.   10

LOLA   Was ist denn dir in die Krone gefahr'n? Du willst nicht auftreten? Du wirst auftreten! Perücke aufsetzen!

Lola nimmt die Perücke vom Tisch und hält sie Rath hin. Kiepert nimmt ihr die Perücke ab und setzt sie Rath auf den Kopf. Da öffnet sich die Tür und der Wirt tritt herein.   15

WIRT   Was hör ich: Sie wollen nicht auftreten?
KIEPERT   Aber natürlich wird er auftreten!
WIRT   (*zu Rath*) Sind Sie denn wahnsinnig geworden?
KIEPERT   (*indem er Rath zur Tür schiebt*) Ich mach' ihn ja schon fertig. Mensch, seien Sie doch ruhig.   20

Verzweifelt dreht sich Rath zu Lola um.

WIRT   Bei mir gibt's so was nicht.
KIEPERT   Los, raus, Mensch, raus!

Rath wird zur Tür geschoben. Lola schaut ihm mit einem Ausdruck ehrlicher Sorge und Traurigkeit nach. An der Tür dreht 25 *sich Rath noch einmal zu ihr um, während Kiepert seinen Zylinder zurecht rückt. Die Hände auf die Hüften gelegt und nur ein kaltes*

durchqueren to cross

Fragen ━━━━━━━━━━━━━━━━━━━━━━━━━━━━━━━━━━━━

1. Was nimmt Rath nicht wahr?
2. Wie reagiert Lola auf Mazeppa?
3. Wie reagiert Rath auf Mazeppa?
4. Was denkt Mazeppa von Rath?
5. Wohin geht Lola?

höhnisches Lächeln auf den Lippen, durchquert Lola den Raum.
Rath steht nun am Bühneneingang und wird vom Wirt und von
Guste gestützt. Vom Publikum ertönt ein jubelnder Applaus.
Kiepert tritt auf die Bühne.

---

6. Wer folgt ihr?
7. Wer will, daß Lola herunterkommt?
8. Was sagt Rath zu Guste?
9. Was wollen Kiepert und Lola von Rath?

die technische Störung   technical difficulty
eener = einer
die Bauchschmerzen   stomache ache
entschädigen   to compensate

die Zaubernummer   magic act

Pfuirufe   catcalls, boos

abwechselnd   alternately

ich will ... spannen   I don't want to keep you in suspense any
  longer
die Ungeduld   impatience   **die Folter**   torture, rack

KIEPERT Meine sehr verehrten Damen und Herren. Ich bitte Sie für die kurze Pause um Entschuldigung. Eine kleine technische Störung.

MANN AUS DEM PUBLIKUM Hat wohl eener Bauch-schmerzen, was?

KIEPERT Sie werden aber reichlich entschädigt werden durch die jetzt sofort auftretende wahrhaft internationale Zaubernummer. Innerhalb dieser Darbietung gestatte ich mir, Ihnen als ganz besondere Attraktion einen Mann vorzustellen, den Sie ja alle durch seine jahrelange, hervorragende pädagogische Tätigkeit (*es ertönen Pfuirufe*) pädagogische Tätigkeit am hiesigen Gymnasium kennen.

Aus dem Publikum ertönen Zwischenrufe, die den Auftritt des Professors verlangen.

MANN AUS DEM PUBLIKUM Raus mit dem Professor!

PUBLIKUM Raus mit dem Professor!

Der verzweifelte Rath steht noch immer hinter den Kulissen und sieht abwechselnd zur Bühne und zur Garderobentür. Das Publikum verlangt weiterhin seinen Auftritt.

KIEPERT Ich sehe schon, meine Damen und Herren, ich brauche Ihnen gar nichts weiter zu erzählen. Ich will Ihre Ungeduld nicht länger auf die Folter spannen: es

Du schmeißt mir sonst die ganze Nummer   otherwise you'll ruin
  my whole act

die Geste gesture   **deuten** to point
der durchsichtige Vorhang   scrim curtain

allmählich gradually   **schützen** to protect
widerspiegeln to reflect   **das Entsetzen** horror   **die**
  Erschütterung shock
demütigen to humiliate   **hervorrufen** to evoke

handelt sich um unsern beliebten Professor Immanuel
Rath. (*zu Rath*) Jetzt aufpassen! Du schmeißt mir sonst
die ganze Nummer!
WIRT   (*zu Rath*) Los raus!

Kiepert zieht Rath auf die Bühne. Guste geht an der Kamera   5
vorbei in Richtung Publikum und der Wirt schiebt sich zu seiner
Theke. Kiepert tritt erneut sich verbeugend auf die Bühne und
auch der Professor erscheint langsam im Hintergrund. Mit
theatralischer Geste deutet Kiepert auf Rath. Dieser befindet sich
noch hinter einem durchsichtigen Vorhang, der die Bühne teilt.   10
Langsam kommt er nach vorne, von den Zurufen des Publikums
begleitet. Noch einmal sieht er zur Garderobentür hinüber.

Lola kommt aus ihrer Garderobe und lehnt am Bühneneingang.
Raths Blick sieht ein letztes Mal zu Lola hinüber, dann kommt er
allmählich hinter dem schützenden Vorhang hervor. Seine Augen   15
spiegeln das Entsetzen und die Erschütterung wider, welche die
demütigende Situation in ihm hervorrufen. Kiepert geht auf ihn zu
und hebt seine Hand, um das Publikum zur Ruhe zu bringen.

(der dumme) August   type of clown
  der Zauberlehrling   sorcerer's apprentice, after Goethe ballad
  (1787) dealing with the comic misadventures of a sorcerer's
  apprentice
äussere Hilfsmittel   visible means
lediglich   merely

doppelt   double
die Geheimtür   secret door   **die Versenkung**   trap door

die Taube   dove, pigeon   **hervorzaubern**   to conjure up

sich vor Lachen biegen = heftig lachen

der Beweis   proof
der Dolch   dagger

die Begutachtung   appraisal, examination
durchstoßen   to pierce

KIEPERT   Meine Damen und Herren: darf ich vorstellen, August, mein Zauberlehrling. (*zu Rath*) Na, Herr Professor. (*zum Publikum*) Meine sehr verehrten Damen und Herren. Wie Sie sehen, arbeite ich ohne jede äussere Hilfsmittel, lediglich mit meinen beiden Händen, mit meinen zehn Fingern. Was ich Ihnen jetzt zeige, meine sehr verehrten Damen und Herren, ist ein ganz gewöhnlicher Zylinderhut, ein original englischer Zylinderhut (*er nimmt Rath den Zylinder vom Kopf und zeigt ihn dem Publikum*), ohne doppelten Boden, ohne Geheimtür, ohne Versenkung. Diesen Zylinderhut, meine sehr verehrten Damen und Herren, setz' ich jetzt (*Hinter den Kulissen versucht Mazeppa Lola zu küssen; diese betrachtet die Vorgänge auf der Bühne.*) auf den Kopf meines August und werde mir erlauben, Ihnen sofort eine lebende Taube darunter hervorzuzaubern. Meine sehr verehrten Damen und Herren, ich weiß, daß Sie alle annehmen, der Zauberkünstler hat jetzt schon die Taube daruntergesetzt. O nein, Sie irren sich (*er dreht den Hut um, so daß das Publikum ihn von allen Seiten sieht*), bitte, leer (*er klopft auf den Hut*), leer (*er klopft Rath auf den Kopf*), alles leer.

Das Publikum biegt sich vor Lachen. Kiepert setzt Rath den Hut auf und geht zu einem kleinen Tisch auf der anderen Seite der Bühne.

KIEPERT   Bitte schön, hier ist noch ein anderer Beweis, ein Dolch.

Er hält den Dolch zur Begutachtung hoch. Dann geht er zurück und durchstößt den Hut auf Raths Kopf mehrere Male mit dem Messer.

KIEPERT   (*indem er den Hut durchstößt*) Bitte, eins, zwei, drei, vier.

Während dieser Demonstration blickt Rath nur mit kindlichem

das Unverständnis incomprehension
austauschen to exchange

einen Schreck bekommen = erschrecken

zielen to aim   **schießen** to shoot

einen Vogel haben = verrückt sein

Fragen

1. Wie nennt Kiepert seine Zaubernummer mit Rath?
2. Wie stellt er Rath vor?
3. Was verlangt das Publikum?
4. Was macht Rath hinter den Kulissen?
5. Wessen Ungeduld will Kiepert nicht länger auf die Folter spannen?
6. Wer soll aufpassen?
7. Wohin tritt Rath langsam?
8. Was spiegeln Raths Augen wider?

Unverständnis auf das Publikum. Kiepert kehrt an den Tisch zurück, tauscht das Messer gegen einen Revolver aus und geht wieder zu Rath hinüber.

KIEPERT Meine Damen und Herren, bekommen Sie keinen Schreck, wenn Sie diesen Revolver in meiner rechten Hand seh'n.   5

Er zielt auf den Zylinder und schießt. Dann schreitet er zu Rath hinüber, nimmt ihm den Hut ab, darunter sitzt eine Taube auf Raths Kopf.

KIEPERT Und schon hat mein August einen Vogel mehr.   10

---

9. Wie stellt Kiepert Rath dem Publikum vor?
10. Was zeigt Kiepert dem Publikum.?
11. Wie reagiert das Publikum?
12. Was hält der Zauberkünstler zur Begutachtung hoch?
13. Was passiert mit dem Hut auf Raths Kopf?
14. Wie reagiert Rath auf Kieperts Zauberei?
15. Was macht Kiepert mit dem Revolver?
16. Was sitzt auf Raths Kopf?

wütend furious

die Schweinerei disgusting filth

das Maul halten = den Mund halten

all used up

seine Haltung ist gebeugter denn je his posture is more stooped than ever

verhindern to prevent

*Ein Teil des Publikums kommt ins Bild. Ein Herr in Frack und
Zylinder steht wütend auf.*

DER HERR Solch eine Schweinerei. Die Polizei muß
kommen.

EIN ANDERER AUS DEM SAAL Ach, halten Sie doch's Maul. 5

*Applaus ertönt. Hinter seiner Theke steht der Wirt und freut sich
über den Publikumserfolg dieser Nummer.*

WIRT Herr Direktor, meine Eier sind mir all geworden.
Möchten Sie mir welche hervorzaubern?

Kiepert verbeugt sich höflich zum Wirt hinüber, während Raths 10
Blick hinter die Kulissen wandert.

KIEPERT Selbstverständlich, Herr Direktor, natürlich, mit
großer Freude kann ich das. Meine Damen und Herren,
ich werde mir also erlauben, Ihnen sofort einige Eier aus
der Nase meines August hervorzuzaubern. 15

*Während er spricht, bewegt sich Rath langsam auf den
Bühneneingang zu. Seine Haltung ist gebeugter denn je. Das
Publikum lacht und pfeift. Kiepert eilt ihm nach, um seinen
Abgang zu verhindern.*

die Gedanken zusammennehmen   to collect one's thoughts

annehmen   to assume

außer Rand und Band   out of hand

zerschlagen   to smash, break

angeekelt   disgusted

der Blickwinkel   point and angle of view
verfolgen   to follow   **unverwandt**   resolutely, steadily

totschlagen = töten

KIEPERT (*zu Rath*) Nimm doch deine Gedanken zusammen, August! Warst doch schließlich mal Professor! (*Pfuirufe ertönen aus dem Publikum.*) (*zum Publikum*) Meine sehr verehrten Damen und Herren, ich weiß, Sie nehmen alle an, mein August hat die Eier bereits unter dem 5 Zylinder. Weit gefehlt. (*Er nimmt Rath den Hut ab und enthüllt eine zweite Taube.*) Noch ein Täubchen.

Die Kapelle spielt einen Tusch. Das Publikum ist außer Rand und Band; das Jubeln und Pfeifen findet kein Ende. Zwischenrufe „Eier, Eier" füllen den Saal. 10

KIEPERT Sofort, sofort, meine sehr verehrten Damen und Herren. Sie werden gleich bedient. (*Er fuchtelt mit der Hand vor Raths Gesicht herum.*) Eins, zwei, drei, ein Ei. (*Er zeigt dem Publikum das Ei und wendet sich dann Rath zu.*) (*zu Rath*) Wo bleibt denn dein Kikeriki, Mensch?! (*zum Publikum*) Ein echtes Hühnerei. Bitte. (*Er zerschlägt das Ei auf des Professors Kopf.*)

Einige Zuschauer verlassen angeekelt den Saal, aber die meisten lachen und applaudieren. Es ertönen Zwischenrufe.

PUBLIKUM Mehr Eier legen! Mehr Eier legen! 20

Aus Raths Blickwinkel erfaßt die Kamera Lola. Mazeppa nimmt sie in seine Arme und küßt sie, aber sie verfolgt unverwandt die Vorgänge auf der Bühne.

KIEPERT (*zu Rath*) Wenn du jetzt nicht krähst, so schlag ich dich tot. (*zum Publikum*) Noch einmal (*er fuchtelt wieder* 25 *mit der Hand vor Raths Gesicht*), eins, zwei, drei, ein Ei. (*Er zeigt es dem Publikum und zerschlägt es dann wieder auf Raths Kopf.*) Ein original echtes Hühnerei, bitte.

Das Publikum lacht schallend.

KIEPERT (*zu Rath*) Na, kräh! Kikeriki, Mann, Kikeriki, 30

umbringen = totschlagen

bedauernswert pitiable

zittern to shake

sich im Kreise drehen to revolve, spin
sich einwickeln to wrap oneself into
besorgt worriedly

Fragen

1. Warum steht der Herr im Frack wütend auf?
2. Was denkt der Wirt von dieser Nummer?
3. Was will der Wirt vom Zauberkünstler?
4. Von wo will Kiepert Eier hervorzaubern?
5. Warum ertönen Pfuirufe aus dem Publikum?
6. Was findet Kiepert unter Raths Zylinder?
7. Was füllt den Saal?

Kikeriki. Mensch, wenn du jetzt nicht Kikeriki machst, bring ich dich um!

Rath hat sich etwas zurückgezogen und hält sich am Vorhang fest. Lola wird noch immer von Mazeppa umarmt. Während sie sich küssen, betrachtet Lola weiterhin die Bühne. 5

Mazeppa läßt sie los und schaut in die gleiche Richtung. Dort zieht gerade Kiepert den bedauernswerten Professor wieder auf die Bühne zurück.

KIEPERT   Mach dein Kikeriki!

Raths Augen glänzen wie die eines Wahnsinnigen. Um Mazeppas 10 *Lippen spielt ein ironisches Lächeln. Rath stolpert zurück auf die Bühne und kräht wie ein Wildgewordener. In diesem Krähen klingt hoffnungslose Verzweiflung mit. Mit zitternden Händen hält er sich am Vorhang fest. Wieder ertönt ein entsetzliches Krähen. Er dreht sich im Kreise, immer noch den Vorhang in der Hand,* 15 *bis er sich vollkommen darin eingewickelt hat. Kiepert beobachtet besorgt das Publikum.*

RATH   (*von innerhalb des Vorhanges*) Kikeriki!

---

8. Was zaubert Kiepert nach den Tauben hervor?
9. Was macht der Zauberkünstler mit den Eiern?
10. Was soll Rath machen?
11. Was sieht Rath während er sich am Vorhang festhält?
12. Wohin zieht der Zauberkünstler Rath zurück?
13. Wie sieht Rath aus?
14. Was macht Rath in seiner Verzweiflung?

von Furcht ergriffen   gripped by fear

wüst   disorderly, wild
geschlossen   closed   **die Faust**   fist
verschlossen   locked

die Tür einschlagen   to break down the door

ersticken   to suffocate

erdrosseln   to strangle

würgen   to choke
zerren   to drag
eingreifen   to intervene

Die Kamera erfasst Mazeppa und Lola. Lola, von Furcht ergriffen
wegen des Geschehens auf der Bühne, zieht sich allmälich in ihre
Garderobe zurück. Mazeppa schaut ihr nach und richtet dann
besorgt seinen Blick auf die Bühne. Er folgt ihr in die Garderobe.
Ein wüster Lärm erhebt sich vom Publikum. Rath stolpert von der 5
Bühne zur geschlossenen Tür der Garderobe. Mit beiden Fäusten
schlägt er verzweifelt gegen die verschlossene Tür.

RATH (*schreiend*) Kikeriki!

Er schlägt die Tür ein, während der Lärm vom Publikum immer
lauter wird. Er steht in der Tür und beginnt wieder zu krähen; 10
aber es bleibt ihm im Hals stecken und er scheint daran zu
ersticken. Erschrocken steht ihm Lola gegenüber.

LOLA Was hast du denn? Ich hab' doch nichts getan. Was
willst du denn von mir?
RATH (*er bläht sich auf wie ein Hahn*) Kikeriki! 15

Er schlägt die Tür zu, wirft sich auf Lola und versucht in seinem
Wahn sie zu erdrosseln. Ihre Hilfeschreie vermischen sich mit dem
wilden Krähen des Professors zu einem furchtbaren Duett. Sie
würgend, schlägt er ihren Kopf erst gegen einen nahestehenden
Koffer, dann gegen das Klavier und schließlich zerrt er sie zum 20
Sofa. Mazeppa greift nun ein und zieht den Wahnsinnigen von
seiner Frau fort.

schleudern   to throw, fling

erleichtert relieved   **bleich** pale

der Artist circus performer   **entnehmen** to take out   **die**
Zwangsjacke straitjacket

Fragen

1. Wohin zieht sich Lola zurück?
2. Wer folgt ihr?
3. Wohin geht Rath und wogegen schlägt er?
4. Was passiert?
5. Wer steht ihm erschrocken gegenüber?
6. Was macht Rath mit Lola?
7. Wer greift ein?

*In dem folgenden Kampf schleudert der vom Wahnsinn gestärkte
Rath Mazeppa gegen das Klavier. Er kräht weiterhin und rast zur
Garderobentür der Tänzerinnen, wo Lola Zuflucht gesucht hat. Er
stürmt hinein und von innen hört man Lolas entsetzte Schreie.*

Die Kamera bleibt in Lolas Garderobe, in die soeben Kiepert und 5
*der Wirt gekommen sind. Sie folgen dem Schreien und als sie die
zweite Garderobentür aufmachen, eilen die erschrockenen
Tänzerinnen heraus. An der zweiten Garderobentür stehen
Mazeppa, Guste und andere Künstler und verfolgen die
dramatischen Vorgänge. Plötzlich stürzt Lola durch die Tür;* 10
*erleichtert lehnt sich Mazeppa gegen die Wand. Bleich vor
Entsetzen geht Lola vorsichtig rückwärts die Treppe zu ihrem
Schlafzimmer hinauf. Mazeppa macht inzwischen seinen
Artistenkoffer auf und entnimmt ihm eine Zwangsjacke. Er eilt in
die andere Garderobe, aus der der Wirt herausgestürt kommt und* 15
*nach einem Doktor ruft. Guste eilt zur Tür hinaus und der Wirt
macht sie hinter ihr zu. Dann kehrt er zurück in das Zimmer in
dem der Professor ist. Abblende.*

---

8. Wo findet Lola Zuflucht?
9. Was hört man aus der Garderobe der Tänzerinnen?
10. Wer betritt Lolas Garderobe?
11. Wer verfolgt die dramatischen Vorgänge?
12. Wer stürzt durch die Tür?
13. Was entnimmt Mazzepa seinem Artistenkoffer?
14. Wer ruft nach einem Doktor?

die Nahaufnahme closeup

zögern to hesitate
sich entschließen to decide
stieren to stare
nackte Angst naked fear

schicksalsergeben fatalistic

das hast du nötig gehabt you really needed to do this   **(ich)**
   versteh(e) dich gar nicht I don't understand you at all
gebildet educated   **alles wegen einem Weib** all this
   (happened) because of some woman
aufmunternd encouraging
in Ordnung bringen to fix

listig cunning, crafty

Eingeblendet wird eine Nahaufnahme von Rath, der bleich, mit
zerzausten Haaren und einem leeren Gesichtsausdruck in der
Zwangsjacke in einer Ecke sitzt. Langsam hebt er seinen Kopf und
schaut um sich. Vor der Tür steht Kiepert. Er zögert einen
Moment und entschließt sich dann doch, hineinzugehen. Als 5
Kiepert ins Zimmer tritt, stiert Rath auf den Fußboden. Sobald er
Kiepert erkennt, verändert sich sein Ausdruck zu nackter Angst.
Kiepert macht die Tür zu und nähert sich entschlossen Rath, der
schicksalsergeben die Augen schließt und den Kopf gegen die
Wand lehnt. Kiepert beginnt, ihn aus der Zwangsjacke zu befreien. 10

KIEPERT Komm' her. (*Er zieht ihm die Jacke aus und wirft sie*
auf den Boden.) Das hast du nötig gehabt. Versteh' dich
gar nicht. Bist doch ein feiner gebildeter Mann. Alles
wegen einem Weib. (*Rath sieht ihn kindlich an, während*
Kiepert ihm aufmunternd auf die Schulter klopft.) Ruh' dich 15
aus. Ich werd' schon alles wieder in Ordnung bringen.

Er klopft Rath noch einmal auf die Schulter und geht dann ab.
Rath sieht ihm nach und sein müder Ausdruck verändert sich zu
einem listigen, als er seine in der Nähe hängende Jacke erblickt. Er
greift nach der Jacke, zieht sie an und schaut zur Tür. Dann setzt 20
er seinen alten Hut auf und eilt zur Tür.

Vom Korridor aus sieht man, wie sich die Tür öffnet und Rath
seinen Kopf heraussteckt. Vorsichtig sieht er in beide Richtungen.

177

sich davonschleichen to sneak away   **behutsam** carefully

sich an der Wand entlangtasten to grope along the wall

beleuchten to light
die Gasse narrow street, alley   **sich stützen** to lean on, to
  support oneself

Lachen und Applaus ertönen aus dem Saal. Rath sieht hinaus ins Publikum, während auf der Bühne Lola gerade ihre Nummer singt.

LOLA   (*man hört sie nur singen*)
    Ich bin von Kopf bis Fuß auf Liebe eingestellt,   5
    Denn das ist meine Welt . . .

Lola erscheint nun im Bild. Sie sitzt auf einem Stuhl in der Mitte der Bühne vor weißen Vorhängen. Sie trägt ein enges schwarzes Kostüm und einen schwarzen Hut.

LOLA   (*singt weiter*)   10
          . . . und sonst gar nichts.
    das ist—was soll ich machen—meine Natur . . .

Rath schleicht sich behutsam davon. Während seines ganzen Abganges ist sein Kopf der Bühne zugewandt.

LOLA   (*singt weiter*)   15
    . . . Ich kann halt lieben nur und sonst gar nichts.

Die Kamera zeigt wieder Lola.

LOLA   (*singt*)
    Männer umschwirren mich wie Motten um das Licht,
    Und wenn sie verbrennen, dafür kann ich nichts.   20
    Ich bin von Kopf bis Fuß auf Liebe eingestellt,
    Denn das ist meine Welt und sonst gar nichts.

Draußen vor dem Lokal tastet sich Rath an der Wand entlang. Er geht halb gebückt, um sein Gesicht zu verstecken. Im Hintergrund applaudiert das Publikum. Lola sitzt auf ihrem Stuhl auf der 25 Bühne und lächelt kalt ihr Publikum an.

Draußen stolpert Rath durch die engen, schlecht beleuchteten Gassen der nächtlichen Stadt. Oft muß er anhalten, um sich an einer Wand zu stützen. Die Kamera folgt ihm über den

dumpf muffled   **das Tönen** sound   **das Nebelhorn** foghorn

der Hausmeister caretaker   **humpeln** to hobble, limp

die Mühe trouble, effort
verdutzt startled   **in einigem Abstand** at a distance

umklammern to grip
lösen to loosen

begreifen to comprehend

totenstill deathly silent
Ruhe gönnen to allow rest (here: finally at peace)

Marktplatz. Man hört das dumpfe Tönen eines Nebelhorns. Mit schweren Schritten schleppt er sich weiter; sein Schatten wandert über die Wand. Die Szene verschwindet.

Der Eingang des Gymnasiums kommt ins Bild. Rath stolpert zum Eingang und läutet, und, voll Ungeduld noch einmal.   5

Ein flackerndes Licht nähert sich durch das dunkle Treppenhaus. Der Hausmeister humpelt mit einer Lampe zur Tür. Sie öffnet sich und das Licht der Lampe beleuchtet das Gesicht des eintretenden Rath. Er geht am Hausmeister vorbei und steigt mühsam die Treppe hinauf, von hinten erhellt von des Hausmeisters Licht.   10

Rath geht durch den Korridor zu seinem ehemaligen Klassenzimmer. Nur mit Mühe erreicht er die Tür und tritt ein. Der verdutzte Hausmeister folgt Rath in einigem Abstand und das Licht seiner Lampe erleuchtet die halb offene Tür. Zögernd geht er weiter, während man ,,Üb' immer Treu und Redlichkeit" vom   15
Glockenspiel hört.

Im Klassenzimmer ist Rath über seinem Katheder zusammengebrochen. Seine Arme sind ausgebreitet, seine Hände umklammern die Ecken des Katheders. Der erschrockene Hausmeister versucht vergeblich, Raths Finger zu lösen. Endlich   20
begreift er, daß der Professor tot ist. Entsetzt zieht er sich langsam zurück. Die Musik hört plötzlich auf; das Klassenzimmer wird totenstill. Die Kamera erfaßt noch ein letztes Mal den toten Professor, dem endlich Ruhe gegönnt ist. Dann bewegt sie sich langsam rückwärts und erfaßt die leeren Pulte. Die Kirchturmuhr   25
schlägt Mitternacht.

Fragen ————————————————————————

1. Wie sieht Rath aus?
2. Was trägt er?
3. Wer tritt ein?
4. Wie reagiert Rath auf Kiepert?
5. In was ist Rath ergeben?
6. Aus was befreit Kiepert Rath?
7. Wieso ist Rath in dieser Situation?
8. Was will Kiepert machen?
9. Was zieht Rath an nachdem Kiepert weggegangen ist?
10. Was macht Rath während Lachen und Applaus aus dem Saal ertönen?

11. Welches Lied singt Lola?
12. Wie ist sie angezogen?
13. Was hört man während Rath durch die engen Gassen stolpert?
14. Wohin geht Rath?
15. Wer kommt zur Tür nachdem Rath geläutet hat?
16. Wohin folgt der Hausmeister Rath?
17. Welche Melodie hört man?
18. Wo ist Rath zusammengebrochen?
19. Was begreift der Hausmeister endlich?
20. Was erfaßt die Kamera?

Appendix: For Further Reading

Der alte Landmann an seinen Sohn
LUDWIG CHRISTOPH HEINRICH HÖLTY (1776)

Üb immer Treu und Redlichkeit
Bis an dein kühles Grab
Und weiche keinen Fingerbreit
Von Gottes Wegen ab.
Dann wirst du wie auf grünen Aun
Durchs Pilgerleben gehn,
Dann kannst du sonder Furcht und Graun
Dem Tod ins Auge sehn.

Dann wird die Sichel und der Pflug
In deiner Hand so leicht;
Dann singest du beim Wasserkrug,
Als wär dir Wein gereicht.
Dem Bösewicht wird alles schwer,
Er tue was er tu.
Der Teufel treibt ihn hin und her
Und läßt ihm keine Ruh.

Der schöne Frühling lacht ihm nicht,
Ihm lacht kein Ährenfeld;
Er ist auf Lug und Trug erpicht
Und wünscht sich nichts als Geld.
Der Wind im Hain, das Laub am Baum,
Saust ihm Entsetzen zu;
Er findet nach des Lebens Traum
Im Grabe keine Ruh.

Dann muß er in der Geisterstund
Aus seinem Grabe gehn
Und oft als schwarzer Kettenhund
Vor seiner Haustür stehn.
Die Spinnerinnen, die, das Rad
Im Arm, nach Hause gehn,
Erzittern wie ein Espenblatt,
Wenn sie ihn liegen sehn.

Und jede Spinnestube spricht
Von diesem Abenteur
Und wünscht den toten Bösewicht
Ins tiefste Höllenfeur.
Der alte Kunz war bis ans Grab
Ein rechter Höllenbrand;
Er pflügte seinem Nachbar ab
Und stahl ihm vieles Land.

Nun pflügt er als ein Feuermann
Auf seines Nachbars Flur;
Und mißt das Feld hinab, hinan
Mit einer glühnden Schnur.
Er brennet wie ein Schober Stroh
Dem glühnden Pfluge nach
Und pflügt und brennet lichterloh
Bis an den hellen Tag.

Der Amtmann, der im Weine floß,
Die Bauren schlug halbkrumm,
Trabt nun auf einem glühnden Roß
In jenem Wald herum.
Der Pfarrer, der aufs Tanzen schalt
Und Filz und Wuchrer war,
Steht nun als schwarze Spukgestalt
Am nächtlichen Altar.

Üb immer Treu und Redlichkeit
Bis an dein kühles Grab
Und weiche keinen Fingerbreit
Von Gottes Wegen ab.
Dann suchen Enkel deine Gruft
Und weinen Tränen drauf,
Und Sommerblumen, voll von Duft,
Blühn aus den Tränen auf.

Der Palmbaum

SIMON DACH

(Collected in L. Achim von Arnim und Clemens Brentano,
Des Knaben Wunderhorn, 1806–1808.)

Annchen von Tharau ist, die mir gefällt,
Sie ist mein Leben, mein Gut und mein Geld.

Annchen von Tharau hat wieder ihr Herz
Auf mich gerichtet in Lieb und in Schmerz.

Annchen von Tharau, mein Reichtum, mein Gut,
Du meine Seele, mein Fleisch und mein Blut!

Käm alles Wetter gleich auf uns zu schlahn,
Wir sind gesinnet, beieinander zu stahn.

Krankheit, Verfolgung, Betrübnis und Pein
Soll unsrer Liebe Verknotigung sein.

Recht als ein Palmenbaum über sich steigt,
Je mehr ihn Hagel und Regen anficht,

So wird die Lieb in uns mächtig und groß
Durch Kreuz, durch Leiden, durch allerlei Not.

Wurdest du gleich einmal von mir getrennt,
Lebtest da, wo man die Sonne kaum kennt,

Ich will dir folgen durch Wälder, durch Meer,
Durch Eis, durch Eisen, durch feindliches Heer.

Annchen von Tharau, mein Licht, meine Sonn,
Mein Leben schließ ich um deines herum.

Filmography

Note: The dates reflect the year the film was released, and in most cases the premiere date in the film's country of origin—not necessarily the first performance in Great Britain or the United States.

Josef von Sternberg (1894–1969)

The Salvation Hunters, 1925
The Masked Bride, 1925. The film was abandoned by Sternberg, who was replaced by the director Christy Cabanne.
The Exquisite Sinner, 1926. Sternberg was replaced during production by the director Phil Rosen.
A Woman of the Sea (The Sea Gull), 1926. Charles Chaplin, who produced this film, directed additional scenes and withdrew the film after its Beverly Hills premiere.
It, 1927. Sternberg directed the final scenes of this Clara Bow film after its original director, Clarence Badger, became ill.
Children of Divorce, 1927. Sternberg directed some sequences of this Clara Bow film; the original director was Frank Lloyd.
Underworld, 1927
The Last Command, 1928
The Drag Net, 1928
The Docks of New York, 1928
The Case of Lena Smith, 1929
Thunderbolt, 1929
The Blue Angel, 1930
Morocco, 1930

Dishonored, 1931
An American Tragedy, 1931
Shanghai Express, 1932
Blonde Venus, 1932
The Scarlet Empress, 1934
The Devil is a Woman, 1935. The last of his films with Marlene
    Dietrich.
Crime and Punishment, 1935
The King Steps Out, 1936
I, Claudius, 1937 (unfinished)
Sergeant Madden, 1939
The Shanghai Gesture, 1941
The Town, 1943
Duel in the Sun, 1947. Sternberg worked as "color consultant" for the
    film's producer, David O. Selznick, and directed for one week
    while the principal director, King Vidor, was ill.
Jet Pilot, begun in 1951 and released in 1957
Macao, 1952. Much of the film was re-shot by Nicholas Ray.
The Saga of Anatahan, 1953

Marlene Dietrich (1902 or 1904–   )

So sind die Männer (Der kleine Napoleon), 1922, dir. Georg Jacoby
Tragödie der Liebe (The Tragedy of Love), 1923, Joe May
Der Mensch am Wege, 1923, Wilhelm (William) Dieterle
Der Sprung ins Leben: Der Roman eines Zirkuskindes, 1924, Dr. Johannes
    Guter
Die freudlose Gasse (The Joyless Street, The Street of Sorrow), 1925, Georg
    Wilhelm Pabst. (It is highly doubtful that Marlene Dietrich played
    the small part that has been attributed to her in many filmogra-
    phies—that of a woman waiting in a long line of people in front
    of a butcher shop.)
Manon Lescaut, 1926, Arthur Robison
Eine Dubarry von heute (A Modern Du Barry), 1926, Alexander Korda
Madame wünscht keine Kinder (Madame Wants No Children), 1926,
    Alexander Korda
Kopf hoch, Charly!, 1927, Dr. Willi Wolff
Der Juxbaron, 1927, Dr. Willi Wolff
Sein grösster Bluff, 1927, Harry Piel
Cafe Electric (Wenn ein Weib den Weg verliert), 1927, Gustav Ucicky
Prinzessin Olala (The Art of Love), 1928, Robert Land

Ich küsse Ihre Hand, Madame (I Kiss Your Hand, Madame), 1929, Robert Land

Die Frau, nach der man sich sehnt (Three Loves), 1929, Kurt (Curtis) Bernhardt

Das Schiff der verlorenen Menschen, (The Ship of Lost Men), 1929, Maurice Tourneur

Gefahren der Brautzeit (Liebesnächte), 1929, Fred Sauer

Der blaue Engel, 1930, Josef von Sternberg

Morocco, 1930, Josef von Sternberg

Dishonored (X-27), 1931, Josef von Sternberg

Shanghai Express, 1932, Josef von Sternberg

Blonde Venus, 1932, Josef von Sternberg

Song of Songs, 1933, Rouben Mamoulian

The Scarlet Empress, 1934, Josef von Sternberg

The Devil is a Woman, 1935, Josef von Sternberg

Desire, 1936, Frank Borzage

The Garden of Allah, 1936, Richard Boleslawski

Knight Without Armour, 1937, Jacques Feyder

Angel, 1937, Ernst Lubitsch

Destry Rides Again, 1939, George Marshall

Seven Sinners, 1940, Tay Garnett

The Flame of New Orleans, 1941, Rene Clair

Manpower, 1941, Raoul Walsh

The Lady is Willing, 1942, Mitchell Leisen

The Spoilers, 1942, Ray Enright

Pittsburgh, 1942, Lewis Seiler

Follow the Boys, 1944, Eddie Sutherland

Kismet, 1944, William Dieterle

Martin Roumagnac, 1946, Georges Lacombe

Golden Earrings, 1947, Mitchell Leisen

A Foreign Affair, 1948, Billy Wilder

Jigsaw, 1949, Fletcher Markle

Stage Fright, 1950, Alfred Hitchcock

No Highway in the Sky, 1951, Henry Koster

Rancho Notorious, 1952, Fritz Lang

Around the World in 80 Days, 1956, Michael Anderson

The Monte Carlo Story, 1957, Samuel A. Taylor

Witness for the Prosecution, 1958, Billy Wilder

Touch of Evil, 1958, Orson Welles

Judgment at Nuremberg, 1961, Stanley Kramer

The Black Fox, 1962, Louis Clyde Stoumen (an Academy-Award-winning documentary film with narration by Marlene Dietrich)

Paris When it Sizzles, 1964, Richard Quine

Just a Gigolo, 1981, David Hemmings

Emil Jannings (1884–1950)

Schützengräben, n.d.
Arme Eva, 1914, Robert Wiene
Im Banne der Leidenschaft, 1914, Walter Schmidt-Hässler
Passionels Tagebuch, 1916, Louis Ralph
Stein unter Steinen, 1916, Felix Basch
Frau Eva, 1916, Robert Wiene
Nächte des Grauens, 1916, Arthur Robison
Die Ehe der Luise Rohrbach, 1917, Rudolf Biebrach
Wenn vier dasselbe tun, 1917, Ernst Lubitsch
Ein fideles Gefängnis, 1917, Ernst Lubitsch
Klingendes Leben, 1917, director unknown
Lulu, 1917, Alexander von Antalffy
Die Seeschlacht, 1917, Richard Oswald
Keimendes Leben, 1. Teil 1918, 2. Teil 1919, dir. Georg Jacoby
Der Mann der Tat, 1919, Victor Janson
Die Augen der Mumie Mâ, *(The Eyes of the Mummy)*, 1918, Ernst
   Lubitsch
Vendetta (Blutrache), 1919, Georg Jacoby
Rose Bernd, 1919, Alfred Halm
Madame Dubarry (Passion), 1919, Ernst Lubitsch
Algol, 1920, Hans Werckmeister
Kohlhiesels Töchter, 1920, Ernst Lubitsch
Anna Boleyn (Deception), 1920, Ernst Lubitsch (Jannings played Henry
   VIII)
Die Brüder Karamasoff (The Brothers Karamazov), 1920, Dimitri Buch-
   owetzki and Carl Frölich
Das große Licht, 1920, Hanna Henning
Der Schädel der Pharaonentochter, 1920, Otz Tollen
Danton (All for a Woman), 1921, Dimitri Buchowetzki
Der Stier von Olivera, 1921, Erich Schönfelder
Das Weib des Pharao (The Loves of Pharaoh), 1921, Ernst Lubitsch
Die Ratten, 1921, Hanns Kobe
August der Starke (Der galante König), 1922, Alfred Halm
Die Gräfin von Paris, 1922, Dimitri Buchowetzki
Othello, 1922, Dimitri Buchowetzki
Peter der Große (Peter the Great), 1922, Dimitri Buchowetzki
Alles für Geld (All for Money), 1923, Reinhold Schünzel
Tragödie der Liebe (Tragedy of Love), 1923, Joe May
Der letzte Mann (The Last Laugh), 1924, Friedrich Wilhelm Murnau
Nju (Eine unverstandene Frau) *(Husbands or Lovers?*), 1924, Paul
   Czinner
Das Wachsfigurenkabinett (Waxworks), 1924, Paul Leni

Liebe macht blind (*Love Makes Blind*), 1925, Lothar Mendes
Quo Vadis?, 1925, Georg Jacoby and Gabriellino d'Annunzio (Jannings played Nero)
Varieté (*Variety*), 1925, Ewald André Dupont
Tartüff (*Herr Tartüff*) (*Tartuffe*), 1926, F. W. Murnau
Faust (*Eine deutsche Volkssage*), 1926, F. W. Murnau (Jannings played Mephistopheles)
The Way of All Flesh, 1927, Victor Fleming
The Last Command, 1928, Josef von Sternberg (Jannings won the first Academy Award for best actor for his work in *The Way of All Flesh* and *The Last Command*)
The Patriot, 1928, Ernst Lubitsch
Sins of the Fathers, 1928, Ludwig Berger
The Street of Sin, 1928, Mauritz Stiller/Lothar Mendes
Betrayal, 1929, Lewis Milestone
Der blaue Engel (*The Blue Angel*), 1930, Josef von Sternberg
Der Liebling der Götter (*Darling of the Gods*), 1930, Hanns Schwarz
Stürme der Leidenschaft (*Storms of Passion*), 1930, Robert Siodmak
Die Abenteuer des Königs Pausole (*Le Roi Pausole, The Merry Monarch*), 1933, Alexander Granowsky
Der schwarze Walfisch, 1934, Fritz Wendhausen
Der alte und der junge König (*The Old and the Young King*), 1935, Hans Steinhoff
Traumulus, 1936, Carl Frölich
Der Herrscher (*The Ruler*), 1937, Veit Harlan
Der zerbrochene Krug (*The Broken Jug*), 1937, Gustav Ucicky
Robert Koch, der Bekämpfer des Todes, 1939, Hans Steinhoff
Ohm Krüger, 1941, Hans Steinhoff
Die Entlassung, 1942, Wolfgang Liebeneiner
Altes Herz wird wieder jung, 1943, Erich Engel
Wo ist Herr Belling?, 1945, Erich Engel (unfinished)

Selected Bibliography

Baxter, John. *The Cinema of Josef von Sternberg.* New York: A. S. Barnes, 1971.

Bogdanovich, Peter. "Josef von Sternberg." *Movie,* No. 13 (Summer 1965), pp. 17–25.

Bowers, Ronald L. "Marlene Dietrich: '54–'70." *Films in Review,* No. 1 (January 1971), pp. 17–22.

Brownlow, Kevin. *The Parade's Gone By . . . .* New York: Alfred A. Knopf, 1968, pp. 189–210.

———. "Sternberg." *Film,* No. 45 (Spring 1966), pp. 4–10.

Dickens, Homer. *The Films of Marlene Dietrich.* New York: Citadel Press, 1968.

Dietrich, Marlene. *Nehmt nur mein Leben . . .: Reflexionen.* Munich: Bertelsmann Verlag, 1979.

Eisner, Lotte H. *The Haunted Screen: Expressionism in the German Cinema and the Influence of Max Reinhardt.* Berkeley: University of California Press, 1969.

Flinn, Tom. "Joe, Where Are You?" *The Velvet Light Trap,* No. 6 (Fall 1972), pp. 9–15. Reprinted in No. 17 (Winter 1977), pp. 4–47.

Ford, Charles. "Grandeur and Decadence of Ufa," *Films in Review,* No. 4 (June–July 1953), pp. 266–68.

George, Manfred. "Marlene Dietrich's Beginning." *Films in Review,* No. 3 (February 1952), pp. 77–80.

Green, O. O. "Six Films of Josef von Sternberg." *Movie,* No. 13 (Summer 1965), pp. 26–31.

Harrington, Curtis. *An Index to the Films of Josef von Sternberg.* London: British Film Institute, 1949.

———. "Arrogant Gesture." *Theater Arts,* 34 (November 1950), pp. 42–45, 90–91.

———. "The Dangerous Compromise." *Hollywood Quarterly,* 3, No. 4 (Summer 1948–Summer 1949), pp. 405–15.

Hemingway, Ernest. "Tribute to Mamma from Papa Hemingway." *Life,*, 33, 18 August 1952, p. 92.

Higham, Charles. *Marlene: The Life of Marlene Dietrich.* New York: W. W. Norton, 1977.

Knight, Arthur. "Marlene Dietrich." *Films in Review,* 5 (December 1954), pp. 497–514.

Kobal, John. *Marlene Dietrich.* New York: E. P. Dutton, 1968.

Kracauer, Siegfried. *From Caligari to Hitler: A Psychological History of German Film.* Princeton: Princeton University Press, 1947. (An edited German version was published under the title *Von Caligari bis Hitler: Ein Beitrag zur Geschichte des deutschen Films.* Hamburg: Rowohlt Verlag, 1958.)

Luft, Herbert G. "Shadow of the Swastika." *Films and Filming* (November 1960), pp. 10–11. (On Kurt Gerron's fate.)

Lundquist, Gunnar. "Hans Albers." *Films in Review,* 16, No. 3 (March 1965), pp. 150–67.

Macklin, F. A. "Interview with Josef von Sternberg." *Film Heritage,* 1, No. 2 (Winter 1965–66), pp. 2–11.

Mann, Heinrich. *Professor Unrat.* Berlin: Aufbau Verlag, 1966.

Ortlepp, Gunnar. "Denn das war ihre Welt: Die Karrieren der Marlene Dietrich." *Der Spiegel,* Part 1: 31, No. 47, 14 November 1977, pp. 202–17; Part 2: 31, No. 48, 21 November 1977, pp. 202–14; Part 3: 31, No. 49, 28 November 1977, pp. 202–12.

Pringle, Henry F. "Josef von Sternberg." *New Yorker,* 28 March 1931, pp. 26–29.

Riess, Curt. *Das gab's nur einmal: Die grosse Zeit des deutschen Films.* Hamburg: Verlag der Sternbücher, 1956.

Russell, Lee. "Josef von Sternberg." *New Left Review,* No. 36 (March–April 1966), pp. 78–81.

Sarris, Andrew. *The Films of Josef von Sternberg.* New York: Museum of Modern Art, 1966.

Smith, Jack. "Belated Appreciation of V. S." *Film Culture,* No. 31 (1963–64), pp. 4–5.

Sudendorf, Werner. *Marlene Dietrich: Dokumente/Essays/Filme.* 2 vols. Munich: Carl Hanser Verlag, 1978.

Traub, Hans. *Die 25 Jahre der Ufa.* Berlin: Filmwelt, 1943.

Truscott, Harold. "Emil Jannings—A Personal View." *Silent Picture,* No. 8 (Autumn 1970), pp. 5–16.

von Sternberg, Josef. "A Taste for Celluloid." *Films and Filming,* 9, No. 10 (July 1963), pp. 40–42.

———. "Acting in Film and Theater." *Film Culture,* 1, No. 5–6 (Winter 1955), pp. 1–4.

———. *Fun in a Chinese Laundry.* New York: Macmillan, 1965.

———. "The von Sternberg Principle." *Esquire,* 60 (October 1963), pp. 90–97.

Wagner, Geoffrey. "Revaluation: *The Blue Angel*." *Sight and Sound*, 21 (August–September 1957), pp. 42–44.

———. *"The Blue Angel:* A Reconsideration." *Quarterly of Film, Radio and Television*, 6, No. 1 (Fall 1951), pp. 48–53.

Weinberg, Herman G. *Josef von Sternberg.* New York: E. P. Dutton, 1967.

Weisstein, Ulrich. *"Professor Unrat* and *The Blue Angel:* Translations and Adaptations of Heinrich Mann's Novel in Two Media." *Film Journal*, 1, No. 3–4 (Fall–Winter 1972), pp. 53–61.

Whitehall, Richard. *"The Blue Angel."* *Films and Filming*, 9, No. 1 (October 1962), pp. 19–23.

Zuckmayer, Carl. *Als wär's ein Stück von mir: Horen der Freundschaft.* Frankfurt am Main: S. Fischer Verlag, 1966.

Vocabulary

die Abblende, -n fadeout
der Abend, -e evening
abermals again
der Abgang, ⸚e exit
ab•lenken to distract
ab•nehmen, a, o to take off,
    reduce
abonnieren to subscribe
ab•reisen to depart
ab•schließen, o, o to conclude
    (an agreement)
der Abschluß, ⸚sse conclusion
ab•schreiben, ie, ie to copy,
    cheat
absichtlich on purpose
der Abstand, ⸚e distance, in-
    terval
ab•wechseln to alternate
sich ab•wenden to turn away
ab•wischen to wipe off
die Acht attention, caution
    sich in acht nehmen to be
    on one's guard, beware
Achtung! Attention!
adieu sagen to say goodbye
ähnlich sehen, a, e to resem-
    ble das sieht dir ähnlich
    that's just like you
alle werden (coll.) to run out
allein alone
allgemein universal, general
allmählich gradually
als ob as if
amtlich official

die Ananas, – or -se pineap-
    ple
an•bieten, o, o to offer
der Anblick appearance
an•ekeln to disgust
an•fangen, i, a to begin
an•gehen, i, a to apply to
    was geht das mich an?
    What's that to me?
die Angelegenheit, -en affair,
    matter
an•greifen, i, i to attack,
    touch
die Angst, ⸚e fear, anxiety
an•gucken to look at
an•halten, ie, a to stop   um
    die Hand anhalten to ask
    for the hand in marriage
an•kleben to paste on
an•klopfen to knock
an•kündigen to announce
an•lachen to laugh at some-
    one, to pick up
an•legen to give, to put out
    letzte Hand anlegen to put
    on the finishing touches
an•lügen, o, o to lie to
der Anmarsch, ⸚e advance
an•nehmen, a, o to accept
an•quatschen to talk to (rude)
an•spornen to spur on
die Ansprache, -n speech
an•rempeln to bump into
    somebody

an•schauen to look
anscheinend apparently
an•schlagen, u, a to post
die Ansichtskarte, -n picture postcard
an•starren to stare at
an•stecken to light
an•strahlen to beam at
an•treffen, a, o to meet
die Anzeige, -n notice, claim
Anzeige erstatten to file a complaint
an•zeigen to indicate
an•ziehen, o, o to put on, dress **beim Anziehen behilflich sein** to help someone get dressed
an•zünden to light, ignite
der Apfel, ⸚ apple
applaudieren to applaud
arbeiten to work
das Arbeitszimmer, – study, office
der Arm, -e arm
arrogant arrogant
artig sein to behave
der Artistenkoffer, – suitcase of a circus performer
der Atem breath
die Atmosphäre, -n atmosphere
die Attraktion attraction
auf•atmen to breathe easier
sich auf•blähen to puff up
auf•einander stellen to pile one on top of another
auf•decken to uncover
auf•fahren, u, a to jump up
auf•fangen, i, a to catch
die Auffassung, -en conception
auf•halten, ie, a to stop
auf•hängen to hang up
auf•machen to open
aufmerksam attentive
auf•muntern to cheer up
die Aufnahme, -n exposure, shot
auf•passen to pay attention, be careful

sich auf•pflanzen to plant oneself
sich auf•regen to become excited
auf•reißen, i, i to tear open
das Aufsatzheft, -e composition book
auf•schauen to look up
auf•schrecken to be startled
auf•schreien, ie, ie to cry out, scream
auf•setzen to put on (hat, glasses)
auf•springen, a, u to jump up
auf•stehen, a, a to get up, stand up
auf•stoßen, ie, o to push open
auf•tauchen to appear
auf•treten, a, e to appear on stage
der Auftritt, -e stage appearance
auf und ab•marschieren to march back and forth
das Auge, -n eye
der Augenblick, -e moment
die Augenbraue, -n eyebrow
auseinander apart
aus•blenden to fade out
aus•breiten to spread out
der Ausdruck, ⸚e expression
aus•halten, ie, a to keep
der Ausschank, ⸚e bar
äußere outer
aus•sprechen, a, o to pronounce
aus•spucken to spit
aus•ruhen to rest
aus•suchen to select
aus•tauschen to exchange
ausverkauft sold out
aus•ziehen, o, o to take off, undress
balancieren to balance
bang afraid
die Bank, ⸚e bench
der Bär, -en bear
der Bart, ⸚e beard
die Bauchschmerzen stomach pain

die **Bauchtanzmusik** belly dance music
beben to shake, tremble
beobachten to observe
bedächtig cautious
bedauernswert unfortunate
bedienen to serve
beenden to finish
befreien to set free, release
sich **begeben, a, e** to go
begehen, beging, begangen to traverse, celebrate, commit
  ein Verbrechen begehen to commit a crime
begießen, o, o to drink to
begleiten to accompany
begreifen, i, i to comprehend
begrüßen to greet
die **Begutachtung, -en** appraisal, examination
behaupten to maintain, claim
beherbergen to lodge, shelter
beherrschen to control
behilflich sein to assist
behutsam careful
beide both
beieinander together
der **Beifall** applause
das **Beispiel, -e** example
die **Beilage, -n** vegetables
das **Bein, -e** leg
beiseite•blasen, ie, a to blow aside
beiseite•schieben, o, o to push aside
beiseite•stoßen, ie, o to shove aside
bekannt known, famous
sich **bekannt•machen** to introduce oneself
belästigen to bother, molest
beleidigen to insult
beliebt popular
beleuchten to light, illuminate
belustigen to amuse
die **Belustigung, -en** amusement
bemerken to note
die **Bemerkung, -en** remark
bemitleidenswürdig pitiable

benutzen to use
bereits already
der **Beruf, -e** profession, job
berühren to touch
besänftigen to soothe
beschuldigen to accuse
beschwichtigen to calm
sich **besinnen, a, o** to recall
besitzen, besaß, besessen to own
besonders special, exceptional
besorgt anxious, apprehensive
bestellen to order
bestimmt definite
betäuben to stun
sich **betragen, u, a** to behave
betrachten to examine
betreten, a, e to enter
der **Betrieb** activity, bustle
die **Betrübnis** sorrow, grief
betrunken drunk
das **Bett, -en** bed
die **Bettkante, -n** edge of the bed
sich **beugen** to bend
beunruhigen to disturb, upset
sich **bewegen** to move
der **Beweis, -e** proof
bewegungslos motionless
die **Bewunderung** admiration
bewußt sein to be aware of
bezahlen to pay
sich **biegen, o, o** to bend
das **Bier, -e** beer
das **Bierglas, ⸚er** beer glass
der **Bierkrug, ⸚e** beer mug
die **Bimmelei** ringing of a bell
die **Binde** collar (outdated)
  hinter die Binde gießen to toss down a drink
blasen, ie, a to blow
blättern to leaf
bleiben, ie, ie to stay, remain
  wo bleibt . . .? where is . . .?
bleich pale
der **Bleistift, -e** pencil
der **Blick, -e** look
das **Blickgeplänkel, –** skirmish of glances

der Blickwinkel, – angle of
view
bloß only, just
die Blume, -n flower
das Blut blood
der Blütenkelch, -e calyx or
cups of a flower
der Boden, ⁻ floor
brauchen to need
der Bräutigam, -e bridegroom
das Brautkleid, -er wedding
dress
die Brennschere, -n curling
iron
die Brieftasche, -n wallet
die Brille, -n eyeglasses
der Brillenrand, ⁻er rim of
the glasses
brüllen to roar
der Bube, -n rogue, scamp
das Buch, ⁻er book
der Buchstabe, -n letter
sich bücken to stoop
die Bühne, -n stage
der Bühnenarbeiter, – stagehand
der Bühneneingang, ⁻e stage
entrance
der Bürgermeister mayor
burschikos tomboyish
das Bürstchen, – small brush
der Charakter, -e character
der Chor, ⁻e chorus
der Clown, -s clown
die Clownsperücke clown's
wig
da•bleiben, ie, ie to stay here
das Dach, ⁻er roof
dafür können to be at fault
damals then
die Dame, -n lady
danach afterwards
die Darbietung, -en performance
darüber above
darunter below
darunter•setzen to place un-
derneath
der Daumen, – thumb

davon•eilen to hurry away
sich davon•schleichen, i, i to
steal away, sneak away
dazwischen between
die Decke, -n ceiling
deinetwegen for your sake,
because of you
die Demonstration, -en demonstration
demütigen to humiliate
denken, dachte, gedacht to
think
deswegen for that reason
dick fat, thick **dicke Luft**
atmosphere charged with
hostile emotion
der Diener, – bow; curtsy
der Direktor, -en director
die Dirne, -n prostitute
die Dividende, -n dividend
doch but, however •
der Doktor, -en doctor
der Dolch, -e dagger
der Dompteur, -e animal
tamer, trainer
doppelt double
das Döschen, – small container
sich drängen to crowd
nach vorne drängen to
push forward
dreimal three times
der Dreimaster, – three-
masted sailing ship
der Dreck dirt
sich drehen to turn, twirl
drohen to threaten, menace
drohend menacingly
drücken to squeeze
sich ducken to stoop, duck
das Duett, -e duet
der Duft, ⁻e fragrance
dumm stupid, silly
dumpf muffled
dünn thin
dunstig misty, hazy
durch through
das Durcheinander confusion
durchqueren to traverse, cross

durchsichtig transparent, diaphanous
durchstoßen, ie, o to pierce
der Dussel, – fool
echt genuine
die Ecke, -n corner
egal all the same
ehe before
ehemals sometime ago, formerly
der Ehrengast, ⁼e guest of honor
ehrlich honest
die Ehrerbietung, -en respect
das Ei, -er egg
die Eigenschaft, -en quality, attribute
eigentlich actually, after all
sich eignen to be suited for
die Eile haste
eilen to hurry
eilig hasty, urgent **es eilig haben** to be in a hurry
ein für allemal once and for all
der Eimer, – bucket
ein•blenden to fade to
ein•brocken to crumble **sich etwas einbrocken** to get into trouble
der Eindringling, -e intruder
ein•fallen, ie, a; es fällt mir ein it occurs to me
ein•gießen, o, o to pour
ein•greifen, i, i to intervene
ein•laufen, ie, au to enter (a harbor)
ein•packen to pack
einsam lonely
ein•sammeln to gather
die Einspritzung, -en injection
einstellen made for, prepared for
eintreten, a, e to enter
sich einwickeln to wrap oneself in something
das Eisbein, -e pig's knuckles
die Elektrische, -n streetcar

elend miserable
endlich finally
der Ellenbogen, – elbow
der Empfang, ⁼e reception
der Engel, – angel
englisch English
entdecken to discover
sich entfernen to go away
entgegen•strecken to stretch out towards
enthüllen unveil, expose
sich entlang•tasten to feel along
entmutigen to discourage
entschädigen to compensate
entscheidend decisive
sich entschließen, o, o to make up one's mind
sich entschuldigen to excuse oneself
die Entschuldigung pardon, excuse, apology
das Entsetzen terror, horror
entstehen, a, a to begin, originate
entwenden to steal, swipe
sich entziehen, o, o to withdraw
erbärmlich pitiful
die Erde floor, ground, earth
erdrosseln to strangle
erfassen to seize, grasp
der Erfolg, -e success
erfolglos unsuccessful
sich ergötzen to take delight in
ergreifen, i, i to seize
sich erheben, o, o to rise
erheitern to cheer, enliven
erhellen to brighten, illuminate
sich erinnern to remember
erkennen, a, a to recognize
sich erlauben to be so free
erleben to experience
erledigen to finish
erleichtern to relieve
erneut renewed
der Ernst seriousness, gravity

ernsthaft serious
erregen to excite
die Erregung excitement
erreichen to reach
erschallen to resound
erscheinen, ie, ie to appear
die Erscheinung, -en appearance, figure, apparition
erschöpft exhausted
erschrecken to frighten
die Erschütterung shock
erstaunen to astonish
erstickend suffocating
ertönen to sound
erwachen to wake up
erwarten to await, expect
die Erwartung expectation
erwartungsvoll expectant
erwidern to reply
erzählen to tell
etwas something
ewig eternal, constant
fähig sein to be able to
fahren, u, a to drive, ride, travel
die Falle, -n trap
fallen•lassen, ie, a to drop
die Falltür, -en trap door
falsch wrong
falten to fold
die Familie family
fangen, i, a to catch
färben to color, dye
fassungslos stunned
fast almost
faszinieren to fascinate
faul rotten
die Faust, ⸚e fist
die Feder, -n feather
fein well, good, nice
das Fenster, – window
die Ferne distance
fertig•machen to ready, prepare
fertig sein to be finished
fesch attractive
fest•halten, ie, a to hold, retain, seize
das Feuer, – fire

der Feuerwehrmann, -leute fireman
die Figur, -en figure
finden, a, u to find
der Fisch, -e fish
der Finger, – finger
flach flat
flackern to flicker
die Flasche, -n bottle
der Fleck, -en spot
das Fleisch flesh, meat
fliehen, o, o to flee
der Flur, -e corridor
die Folge, -n consequence
folgen to follow, succeed
die Folter, -n torture
die Fotomontage, -n montage (film-editing process)
der Frack, ⸚e formal suit
die Frage, -n question
fragen to ask
französisch French
das Frauenzimmer, – woman (derogatory)
das Fräulein, – young woman, Miss
frech impudent
die Freude, -n joy, pleasure
sich freuen to be glad
friedlich peaceful
frisieren do one's hair
der Frisiertisch, -e dressing table
die Fremdenloge, -n guest box (in a theater)
die Fremdenpension, -en hotel
der Frühling, -e spring
das Frühstück, -e breakfast
frühstücken to have breakfast
das Frühstücksgedeck, -e breakfast table setting
der Frühstückstisch, -e breakfast table
füllen to fill
die Furcht fear
fürchten to fear
der Fuß, ⸚e foot
der Fußboden, ⸚ floor

gackern to cluck, cackle
gallant gallant
die Gans, ⸗e goose
ganz whole, total
die Garderobe, -n dressing room
die Garderobentür, -en dressing room door
die Gardine, -n curtain, drape
garnichts absolutely nothing
die Gasse, -n narrow street
der Gauner, – crook
das Gebäude, – building
geben, a, e to give
gebildet educated
der Gedanke, -n thought
die Geduld patience
gefährden to endanger
gefallen, ie, a to please
gefallen lassen to stand for it
gefällig pleasing **Zigarre gefällig?** Would you like a cigar?
gegen against, toward
die Geheimtür, -en secret door
gelangweilt bored
gelassen composed
das Geld, -er money
der Geldschein, -e bill
die Gelegenheit, -en occasion
genau exact
der Generaldirektor director-general
genießen, o, o to enjoy
die Genugtuung, -en satisfaction
das Gepäckstück, -e piece of luggage
das Geräusch, -e sound
geräuschvoll noisy
geringschätzig deprecatory
gerührt touched
der Gesang, ⸗e song
das Geschäft, -e business
das Geschehen, – occurrence
das Geschenk, -e gift
der Geschmack taste
geschmeichelt flattered

das Gesicht, -er face
der Gesichtsausdruck, ⸗e facial expression
gesinnt sein disposed, minded (about or toward something)
gestatten to permit, allow
die Geste gesture
gestehen, a, a to confess
gestern yesterday
gewaltig powerful, strong
gewiß certain **etwas Gewisses** a certain something
gewöhnlich usual, ordinary
gewohnt in the habit of
gießen, o, o to pour
glänzen to shine
glauben to believe
gleich same, like, immediately, at once
gleichen, i, i to match, be equal to
gleichzeitig at the same time
die Glocke, -n bell
das Glockenspiel, -e carillon
glühen to glow
gnädig gracious
der Goldfisch, -e goldfish
gönnen to allow, grant
gönnerhaft patronizing
der Gott, ⸗er god
die Grabrede funeral oration
greifen, i, i to seize, grasp
grimmig furious
grinsen to grin
der Groschen, – penny
groß big, tall, great
der Größenwahn megalomania, delusion of grandeur
der Grund, ⸗e cause, reason
die Gruppe, -n group
Grüß Gott South German and Austrian greeting
das Gut, ⸗er goods, property
das Gute good **des Guten zu viel getan** overindulged
das Gymnasium, -sien college preparatory school
das Haar, -e hair
halb half

der Hals, ⸚e neck **zum Hals heraus hängen** I am sick and tired of it
halt simply (coll.)
Halt! Stop!
hämisch malicious
handeln to deal with **es handelt sich um** we are dealing with; it is a question of
die Handlung, -en action, performance
das Handtuch, ⸚er towel
hängen, i, a to hang
die Harfe, -n harp
der Hase, -n rabbit
die Hast haste
hastig hasty
das Haupt, ⸚er head
der Haupteingang, ⸚e main entrance
die Hausapotheke, -n medicine chest
der Hauseingang, ⸚e house entrance
der Hausmeister, – caretaker
die Havanna cigar
heftig violent
der Heiligenschein, -e halo
die Heimatstadt, ⸚e home town
heiraten to marry
heiß hot
heißen to signify **was heißt hier . . .?** What do you mean by . . .?
helfen, a, o to help
die Henne, -n hen
heran•lassen, ie, a to let approach
herauf•steigen, ie, ie to climb up
heraus•fordern to challenge, provoke
heraus•holen to get out
heraus•nehmen, a, o to take out
heraus•stürmen to dash out
heraus•treten, a, e to step out

herein•stürzen to dash in
herbei•eilen to rush here
her•kommen, a, o to come here
herrschen to prevail
herum•eilen to hurry around
herum•springen, a, u to jump around
herum•stehen, a, a to stand around
herunter•drücken to push down
herunter•kommen, a, o to run down
hervorragend prominent, outstanding
hervor•schauen to peer out, peek out
hervor•treten, a, e to step forward
hervor•zaubern to conjure up
das Herz, -en heart
hetzen to pursue, hunt **auf den Hals hetzen** to get after somebody
heucheln to feign
die Heulerei crying
heutig of today
hierbleiben, ie, ie to stay here
hiesig local
die Hilfe help
das Hilfsmittel, – remedy, aid
der Hilfeschrei, -e cry for help
hinauf•steigen, ie, ie to climb up
hinaus•lehnen to lean out
hinaus•schleichen, i, i to sneak out
hinaus•stürmen to storm out
hindern to hinder
hin•halten, ie, a to hold out
hin•schauen to look toward, watch
hin•stellen to put down
hinter behind, after **hinter sich herziehen, o, o** to pull behind oneself

der Hintergrund, ⁼e background
hinüber•gehen, i, a to walk over to
hinüber•schielen to cast a sidelong glance
hin und wieder now and then
hinunter•gehen, i, a to go down
hinweg away, off **über die Brille hinweg** across the rim of the glasses
hinzu•fügen to add
die Hitze heat
hoch•halten, ie, a to hold up
hoch•leben lassen, ie, a traditional cheers ("long live")
hoch•springen, a, u to jump up
die Hochzeit, -en wedding
die Hochzeitsgesellschaft, -en wedding party
hoch•ziehen, o, o to pull up
der Hof, ⁼e courtyard
hoffentlich it is to be hoped
hoffnungslos hopeless
höhnisch sarcastic
holen to get, bring
der Honoratior, -en dignitary
der Hopfen hops **an dem ist Hopfen und Malz verloren** a hopeless case
hörbar audible
horchen to listen, eavesdrop
das Höschen, – panties
das Hotelzimmer, – hotel room
hübsch pretty
die Hüfte, -n hip
das Hühnerei, -er chicken egg
humpeln to hobble, limp
der Hund dog
der Husten cough
husten to cough
der Hut, ⁼e hat
die Hutschachtel, -n hatbox
idiotisch idiotic
imstande sein to be capable of

ineinander•legen to place into each other, fold (hands)
der Inhalt contents
innerhalb within
inne•halten, ie, a to stop
das Interesse, -n interest
inzwischen in the meantime
irgendeiner anybody
irgendwo anywhere
ironisch ironic
sich irren to err
irritieren to irritate
der Irrtum, ⁼er error
die Jacke, -n jacket, coat
die Jackentasche, -n jacket pocket
das Jahr, -e year
jahrelang for years
jemand someone
jetzt now
johlen howl, hoot
der Junge, -n or -s boy
der Kaffee coffee
die Kaffeekanne, -n coffee pot
die Kaffeetasse, -n coffee cup
der Käfig, -e cage
der Kakao cocoa **durch den Kakao ziehen** to make a fool of
das Kalenderblatt, ⁼er calendar leaf
Kalkutta Calcutta
kalt machen to kill
kalt werden to get cold
die Kamera, -s camera
kämpfen to fight
kämmen to comb
die Kapelle, -n band
der Kapitän, -e captain
die Karrikatur, -en caricature
die Karriere, -n career
das Karnickel, – rabbit
das Kästchen, – small case
das Katheder, – professor's desk
die Katze, -n cat
der Keller, – basement
kennen•lernen to become acquainted

der Kerl, -e rascal
die Kerze, -n candle
das Kikeriki, -s cock-a-doodle-doo
das Kind, -er child
der Kindergarten, ⸚ kindergarten
kindisch childish
kindlich childlike
das Kinn, -e chin
die Kirchturmuhr, -en the clock in the church tower
die Kiste, -n box, crate
die Klage, -n complaint
der Klamauk hullabaloo
die Klamotte, -n stuff, belongings (coll.)
klappen to flap; to tally, work es klappt it goes well
klar clear, sure sich im klaren sein to realize, to be aware Sie sind sich wohl darüber im klaren? You are aware of that?
das Klassenbuch, ⸚er class log
das Klassenzimmer, – home room
das Klavier, -e piano
kleben to paste
die Kleidung clothing
das Kleidungsstück, -e an item of clothing, garment
die Kleinstadt, ⸚e small town
die Klingel, -n small bell
klingeln to ring the bell
die Klinke, -n door handle
klopfen to knock
knallen to bang
knien to kneel
der Knochen, - bone
das Knopfloch, ⸚er buttonhole
der Knoten, – knot
der Koffer, – suitcase
kokett flirtatious
der Kollege, -n colleague
kompromittieren to compromise someone's reputation
die Kontrolle, -n control
die Konzession, -en business license

die Kopfbedeckung, -en headgear
der Körper, – body
die Körperverletzung, -en bodily harm
der Korridor, -e corridor
köstlich delicious, exquisite
das Kostüm, -e costume
der Krach noise, crash
der Kraftakt, -e strong man act
kräftig strong
krähen to crow
der Kragen, – collar
die Krankheit, -en illness
der Krawall, -e uproar
die Krawatte, -n necktie
der Kreis, -e circle
kriegen to get, receive
die Krone, -n crown Was ist dir in die Krone gefahren? What's gotten into you?
die Kulisse, -n scene, backdrop
die Kundschaft customer
die Kunst, ⸚e art
die Künstlerin, -nen artist
der Kuppler, – procurer
kurz short
der Kuß, ⸚e kiss
lächeln to smile
lachen to laugh
laden, u, a to load
die Ladung, -en load, cargo
die Lampe, -n lamp
landen to land
die Länge length
langsam slowly
der Lärm noise
die Laterne, -n lantern, streetlamp
die Laune, -n mood
der Lausejunge, -n punk
lauten to sound
läuten to ring
leben to live
die Leberwurst, ⸚e liver sausage, liverwurst
lediglich only, solely, merely

leer empty
legen to lay
leeren to empty out
lehnen to lean
der Lehrer, – teacher
nicht leiden können to dislike
die Leute people
das Licht, -er light
die Liebe love
lieben to love
das Liebespaar, -e lovers
liebevoll affectionate
der Liebling, -e darling
liegen•lassen to leave behind
die Lippe, -n lip
listig cunning
das Loch, ‥er hole
der Löffel, – spoon
die Lohntüte, -n pay envelope
das Lokal, -e bar, restaurant
sich lösen to loosen
los•gehen, i, a to begin
los•lassen, ie, a to let go
sich los•reißen, i, i to pull or tear away
die Luft air
lügen to lie
der Lügner, – liar
der Lümmel, – lout, rascal
der Mädchenhändler, – white slaver
die Mädchenklasse, -n girls' class
Mahlzeit! greeting at mealtime
mahnen to warn, remind, admonish
malen to draw, paint
malerisch picturesque
das Malz malt **Hopfen und Malz verloren** a hopeless case
der Mantel, ‥ overcoat
die Mappe, -n folder, case
märchenartig like a fairy tale
markieren to mark, act (coll.)
der Marktplatz, ‥e market place
massig bulky, clumsy

das Maul, ‥er mouth (vulgar)
Maul halten! Shut up!
mechanisch mechanical
meckern to grumble, complain
mehr more
der Meister, – master, maestro
die Melodie, -n melody
die Menge crowd
der Mensch, -en human being
die Menschenmenge, -n crowd
die Meute rabble
miesmachen to be a killjoy, grouse
die Milch milk
mildern to soften, ease
die Minute, -n minute
mit•bringen, -brachte, a to bring along
mit•erleben to experience at first hand
das Mitglied, -er member
mit•klingen, a, u to sound with
mit•kommen, a, o to come along, accompany
mit•machen to take part in
mit•nehmen, a, o to take along
der Mitschüler, – fellow student
mit•singen, a, u to sing along
die Mitte middle, center
mittels by means of
die Mitternacht midnight
der Moment, -e moment
der Monat, -e month
der Morgen, – morning
morgendlich in or of the morning
der Morgenrock, ‥e dressing gown
die Morgensonne morning sun
die Morgenstimmung, -en morning mood
die Motte, -n moth
müde tired

mühsam painful, laborious
der Mund, ⁼er mouth
mustern to examine, muster
nach•ahmen to imitate
die Nachbartür, -en the
 neighbor's door
nachdem afterwards
nach•schauen to look after
nach•sehen, a, e to look after
die Nacht, ⁼e night
nächtlich nocturnal
nach•sprechen, a, o to repeat
 after someone
nächste next
nach•tragen, u, a to bear a
 grudge
nackt naked
die Nahaufnahme, -n closeup
nahe•stehen, a, a to be close
 to
nähren to feed
das Namensschild, -er nameplate
die Nase, -n nose
die Natur, -en nature
natürlich naturally, of course
das Nebelhorn foghorn
an sich nehmen, a, o to take
die Nelke, -n carnation
nervös nervous
nervös•machen to make nervous
nett nice
nie never
nieder•drücken to press down
niemals never
noch still, yet
nötig necessary   **etwas**
 nötig haben to need something
das Notizbuch, ⁼er notebook
die Nummer, -n number
nun now
nur only
ob whether, if
die Obrigkeit, -en authority
der Ochse, -n ox
oder or
der Ofen, ⁼ stove

offen open
öffnen to open
offensichtlich obviously
offen•stehen, a, a to stand
 open
ohne without
das Ohr, -en ear
ohrenbetäubend deafening
die Ohrfeige, -n slap
ohrfeigen to slap
der Olle (der Alte) old man,
 authority figure
ordentlich orderly
die Ordnung order
orientalisch oriental
sich orientieren to orientate
 oneself
original original, typical, authentic
das Paar, -e couple
paar several
das Pack rabble
das Päckchen, – small package
pädagogisch pedagogical
packen to pack
das Papier, -e paper
passen to fit, suit, match
die Pause, -n pause
das Pedal, -e pedal
die Pein pain
peinlich embarrassing
die Person, -en person, here
 used in a derogatory sense
persönlich personally
die Perücke, -n wig
pfeifen, i, i to whistle
der Pfennig, -e penny
die Pflicht, -en duty
pflichtgetreu dutifully
der Pfuiruf, -e catcall
das Pianola, -s player piano
piepen to peep
das Pilsner pils beer
das Plakat, -e poster
der Platz, ⁼e place
die Pleite, – bankruptcy
plötzlich suddenly
die Polizei police

der Polizist, -en policeman
die Pose, -n pose
die Postkarte, -n post card
der Primus, -mi und
  -musse the best student in
  class
die Probe, -n test, proof
der Professor, -en professor
protestieren to protest
Prost! toast
prügeln to beat up
das Publikum the audience
der Publikumserfolg, -e a
  popular success
die Pulle, -n bottle (coll.)
putzen to clean
die Putzfrau, -en cleaning
  woman
die Quasselei, -en prattling
der Quatsch nonsense
quatschen to talk nonsense
radieren to erase
der Radiergummi, -s eraser
ran•gehen, i, a to attack
rasch quickly
rasen to rush frantically
sich rasieren to shave
rätselhaft enigmatic
das Raubtier, -e predatory
  animal
der Rauch smoke
rauchen to smoke
der Raum, ¨e room
raus out
raus•kommen, a, o to come
  out
raus•schicken to send out
raus•schmeißen, i, i to throw
  out
reagieren to react
recht right
die Redlichkeit honesty
reflektieren to reflect
das Regal, -e shelf
reglos motionless
reich rich
reichlich amply
die Reihenfolge, -n order
rein clean, pure

reisen to travel
reißen, i, i to tear **aus der
  Hand reißen** to snatch from
  someone's hand
die Reklame, -n advertise-
  ment
der Revolver, – revolver
richtig right **nicht ganz
  richtig** not quite right, not
  sane
riechen, o, o to smell
riesig gigantic
riskieren to risk
rennen, a, a to run
resignieren to resign
der Rest, -e rest
restlich remaining
richten to direct
richten (die Haare) to fix,
  prepare (arrange one's hair)
die Richtung, -en direction
ringen, a, u to wrestle, strug-
  gle
ringsherum all around
der Rolladen, – metal
  shutter
die Rose, -n rose
der Rowdy, -s oder **Raudi, -s**
  rowdy person
der Rücken, – back
rückwärts backwards
rufen, ie, u to call
die Ruhe rest, silence
ruhig quiet
rühren to stir, touch
runter down
runter•schieben, o, o to push
  down
rutschen to slide
der Saal, die Säle hall
die Sache, -n thing, object
  die Sache begießen to celebrate something with a drink
saftig juicy, sound
sagen to say
die Sahne cream
der Sahnegießer, – cream
  pitcher
die Saison, -s season

die Saite, -n string on a musical instrument
der Salon, -s salon, drawing room
die Sängerin, -nen singer
säubern to clean
das Sauerkraut pickled white cabbage
saufen, o, o to drink (animals), get drunk
der Säufer, – drunkard
saugen to suck, absorb
die Säule column, pillar
die Schachtel, -n box
schaden to harm
schaffen, u, a to create, manage
schälen to peel
schallen to sound
die Scham shame
sich schämen to be ashamed
der Schatten, – shadow
der Schatz, ⸚e treasure; darling, sweetheart
die Schatzkiste, -n treasure chest
scheinen, ie, ie to shine
der Scheinwerfer, – spotlight
der Schenkel, – thigh
die Schere, -n scissors
scheuen to fear
schick elegant
schicksalergeben fatalistic
schieben, o, o to push
schief slanting, crooked, distorted
schießen, o, o to shoot
die Schiffssirene, n ship's siren
der Schimmer shimmer, glitter
schimpfen to abuse, complain, scold
das Schlafzimmer, – bedroom
schlagen, u, a to strike
schleichen, i, i to sneak, slink, creep
schleudern to hurt, toss
schließen, o, o to close

schließlich final
schlimm bad
das Schloß, ⸚sser lock, padlock; castle   **ins Schloß fallen** to close a door
der Schluck, -e swallow, gulp
schlucken to swallow
schmecken to taste   **Schmeckt es?** Do you like it?
schmeißen, i, i to throw   **die Nummer schmeißen** to ruin the act
der Schmerz, -en pain
sich schminken to apply makeup
schmunzeln to grin
schnarchen to snore
schnell quick, fast
sich schneuzen to blow one's nose
der Schnurrbart, ⸚e mustache
schön pretty, beautiful, handsome
der Schreck, -en alarm, terror
schreiben, ie, ie to write
der Schreibtisch, -e desk
der Schritt, -e step
schüchtern bashful, shy, timid
die Schule, -n school
der Schuleingang, ⸚e school entrance
der Schüler, - student
der Schulgang, ⸚e the way to school
der Schuljunge, -n school boy
die Schulter, -n shoulder
sich schütteln to shake
schütten to pour
schützen to protect
der Schwamm, -e sponge
schwarz black
schweben to hang suspended
schweigen, ie, ie to be silent
die Schweinerei filth, disgusting behavior
der Schweiß perspiration
schwenken to pan with the camera

schwerfällig clumsy, awkward
die Seele, -n soul
der Seemann, die Seeleute
  sailor
sich sehen lassen, ie, a to appear, show oneself
die Sehnsucht yearning, longing, desire
sehr very
die Seite, -n side, page
der Sekt domestic champagne
die Sektflasche, -n champagne bottle
die Sekunde, -n second
selbstverständlich obvious, of course, indeed
senken to sink, lower
sich setzen to sit down
die Sicherheit security
sichtbar visible
sinken, a, u to sink
sinken lassen, ie, a to let drop
die Sirene, -n siren
die Situation, -en situation
sitzen, saß, gesessen to sit
skeptisch skeptical
sobald as soon
sodann then
das Sofa, -s sofa
sofort immediately
sonderlich special, peculiar
der Sonntagsanzug, ⸚e Sunday suit
sonst otherwise
die Sorge, -n grief, sorrow, worry
spähen to watch, be on the lookout, observe
spanisch Spanish
spannen to stretch **auf die Folter spannen** to put on the rack, keep in suspense
spät late
spendieren to treat, to pay for
der Sperling, -e sparrow
speziell special **Ihr ganz Spezielles** to your health
der Spiegel, – mirror

das Spiegelbild reflection, mirror image
spielen to play
spielerisch playful
sprachlos speechless
sprechen, a, o to speak
spreizen to spread
sprühen to sparkle, spray, shoot off sparks
spucken to spit
spüren to feel, sense
die Stadt, ⸚e town, city
der Stapel, – pile
starren to stare
statt instead of
der Staub dust
stehen, stand, gestanden to stand
stehen•bleiben, ie, ie to stop moving; stand still
stellen to put
stets always
steigen, ie, ie to climb
der Stich, -e sting, stab **im Stich lassen, ie, a** to let down
der Stiefel, der Stiebel, – boot
stieren to stare
die Stille silence
still•halten to hold still
die Stimme, -n voice **bei Stimme sein** to be able to sing
die Stirn, -en forehead
der Stock, ⸚e stick, cane
stolpern to stumble
stolz proud
stören to bother
die Störung, -en interruption
stoßen, ie, o to push
stottern to stutter
die Straßenseite, -n side of the street
der Strauß, ⸚e bouquet
streicheln to stroke, caress
der Streifen, – strip, band
streifen to touch lightly in passing
der Strich, -e line

der Strick, -e   rope
die Strophe, -n   verse
der Strumpf, ⸚e   stocking
der Student, -en   student
die Stufe, -n   step
der Stuhl, ⸚e   chair
die Stunde, -n   hour
stürmen   to storm
stürmisch   violent, impetuous
stumm   mute, silent
stürzen   to hurl, crash   **ins Zimmer stürzen**   to dash into the room
sich stützen   to lean on, support oneself
suchen   to search, seek
die Sumatraeinlage, -n   cigar filler of Sumatra tobacco
Süßer   sweetie
die Szene, -n   scene
das Tablett, -e   serving tray
tadellos   impeccable, flawless, perfect
die Tafel, -n   blackboard
der Tag, -e   day
der Takt, -e   time, beat of music
tänzerische Darbietung   dance entertainment
die Tasche, -n   pocket
das Taschenmesser   pocket knife
das Taschentuch, ⸚er   handkerchief
die Taschenuhr, -en   pocket watch
die Tasse, -n   cup
die Taste, -n   piano key
die Tat, -en   act, action, deed
die Tätigkeit, -en   activity
tatsächlich   real, factual, matter of fact
die Taube, -n   dove, pigeon
technisch   technical
teilen   to divide
das Telegramm, -e   telegram
telegraphisch   telegraphic
Tharau   town south of the former city of Königsberg, East Prussia

die Theatergruppe, -n   ensemble, acting company
theatralisch   dramatic, theatrical
tief   deep
der Tisch, -e   table
der Ton, ⸚e   tone, sound
tot   dead
total   total(ly), complete(ly)
die Totale, -n   long shot
tot•schlagen, u, a   to kill
totenstill   deathly silent
tragen   to carry, bear
traurig   sad
treffen, a, o   to meet   **die Wahl treffen**   to select
das Treiben   activity, bustle
die Treppe, -n   stairs
das Treppenhaus, ⸚er   stairwell
treten, a, e   to step
die Treue   faithfulness
trillern   to trill
trinken, a, u   to drink
trotzig   defiant, obstinate
der Tumult, -e   tumult, uproar
die Tür, -en   door
der Türrahmen   door frame
der Tusch, -e   fanfare
üben   to exercise, practice
übereilt   hasty
überfallen, ie, a   to attack, surprise
überhaupt   at all
überheblich   arrogant
überhören   to overhear
überlassen, ie, a   to leave, relinquish
überlegen   to think about
die Überraschung, -en   surprise
üblich   usual
umarmen   to embrace
um•bringen, brachte um, umgebracht   to kill
sich um•drehen   to turn around
um•fallen, ie, a   to fall down
um•klammern   to clutch, clasp
um•schauen   to look around

umschwirren to flutter around
um•sehen, a,e to look around
sich um•ziehen, zog um, umgezogen to change clothes
unangenehm unpleasant
unbekümmert untroubled, carefree
unberührt untouched
ungebildet uneducated
ungebührlich unsuitable, unseemly
die Ungeduld impatience
ungerührt unaffected
ungeschickt bungling, incompetent
unglücklich unhappy, unfortunate
unheimlich sinister
unmöglich impossible
die Unordnung disorder
der Unrat garbage
unrealistisch unrealistic
unruhig restless, agitated
unschuldig innocent
unten below, down
unter uns among ourselves
unterbrechen to interrupt
unterhalten to entertain
unterlassen, ie, a to discontinue
unverheiratet unmarried
das Unverständnis lack of understanding
unverwandt unwavering
sich verabschieden to say goodbye
die Verachtung scorn, contempt
verändern to alter, change
verbergen, a, o to hide
sich verbeugen to bow
sich verbitten, a, e to refuse to tolerate
verblüfft amazed, flabbergasted
verbrennen, a, a to burn (up)
verdammt damned
verdecken to cover
verdienen to earn

verdrehen to twist, contort
verdutzt bewildered
verehrt honored
verfolgen to pursue
die Verfolgung, -en pursuit, persecution
verführen to seduce
vergeblich in vain
sich vergewissern to confirm, ascertain
das Vergnügen, – pleasure, enjoyment
vergnügt glad, joyous
verhaften to arrest
verharren to remain
verhindern to prevent
der Verkauf, ˮe sale
verkaufen to sell
verkehren to frequent
die Verkehrsstörung, -en traffic jam
verlangen to demand
verlassen, ie, a to leave
verlegen embarrassed
die Verlegenheit, -en embarrassment
sich verlieben to fall in love
verlieren, o, o to lose
sich vermischen to intermingle, to blend
verpassen to let slip, miss
verpesten to pollute
verprügeln to beat up
verrecken to die (animal)
sich versammeln to gather, congregate
versauen to spoil something, mess up
verschieben, o, o to move
verschlossen locked
verschüchtert intimidated
verschwinden, a, u to disappear
verschwimmen, a, o to blur
die Versenkung trap door on stage
versetzen to transplant, to give **ein paar saftige Ohrfeigen versetzen** to give a few resounding slaps

versinken, a u to sink
versperren to obstruct, block, shut
verspielt playful
verstecken to hide
verstehen, a, a to understand
verstört confused, agitated
versuchen to attempt, try, test
das Versteck, -e hiding place
versteinert petrified
verstreuen to scatter
verstummen to fall silent
der Vertrag, ⸚e contract
vertragen, u, a to be able to take **Du verträgst viel** you can drink a lot
vertiefen to deepen
sich verwandeln to change
verweilen to stay
verwirrt confused
die Verwirrung confusion
die Verwunderung astonishment
verwundert surprised
verzeihen, ie, ie to forgive
verzerren to distort
verzweifeln to despair
die Verzweiflung desperation
viel much
vielleicht perhaps
vierschrötig heavyset
der Vogel, ⸚ bird
der Vogelkäfig bird cage
vollkommen complete, perfect
vollständig complete
voneinander apart, separate
der Vorabend, -e the evening before
sich vorbei•drängen to squeeze by
vorbei•eilen to rush by
vorbei•gehen, i, a to pass
vorbei•lassen to let pass
vorbei•ziehen, zog vorbei, vorbeigezogen to pass by
sich vor•bereiten to prepare
der Vorfall, ⸚e incident
der Vorgang, ⸚e proceeding

vorhanden present
der Vorhang, ⸚e curtain
vor•kommen, a, o to happen
vorläufig temporary
vor sich herschieben, o, o to push in front of oneself
vorsichtig careful
sich vor•stellen to introduce
vorüber•gehen to pass
die Wache, -n police station
wachsen, u, a to grow
der Wachtmeister, - form of address for a policeman
die Wahl, -en selection, election, choice
der Wahn illusion, delusion
wahnsinnig mad, crazy
wahrhaft truly
wahr•nehmen, a, o to notice, observe
während during, while
die Wand, ⸚e wall
wandern to wander
der Wandschirm, -e screen
die Wange, -n cheek
warten to wait
das Wasser water
wechseln to change
wecken to wake up
der Weg, -e way **im Wege stehen** to stand in the way
wegen because of
sich weg•drehen to turn away
weg•nehmen, a, o to take away
weg•schleppen to drag or carry away
weg•ziehen, o, o to pull away
weh tun, tat weh, weh getan to hurt
das Weib, -er woman, wife
das Weibsbild, -er woman (outdated coll., often derogatory)
weil because, since
die Weile (a)while
weit far
weiter•arbeiten to continue to work

das Weitere everything else
weiter•führen to carry on, continue
weiter•geben, a, e to pass on
weiterhin furthermore
die Welt, -en world
die Wendeltreppe, -n spiral staircase
wenig little, few
wenn when, if
wer who
die Werbepostkarte, -n advertising postcard
werden, u, o to become
werfen, a, o to throw
weshalb why
die Weste, -n vest
das Wetter, – weather
sich widmen to dedicate oneself
sich wider•spiegeln to reflect
wieder again
wieder•kommen, a, o to return
sich wiegen to sway
wieso why
wild werden to start to rage, become angry
der Willen will
die Wimper, -n eyelash
die Wimperntusche, -n mascara
winken to wave, beckon, signal
wirklich real(ly)
wirr tangled, disorderly
der Wirt, -e innkeeper
die Wirtschafterin, -nen housekeeper
wischen to wipe
wissen, u, u to know
die Wissenschaft, -en science
wo where
wobei whereby
die Woche, -n week
woher from where
die Wohnung, -en apartment
die Wohnungstür, -en apartment door

die Wolke, -n cloud
wozu to what purpose, what for
die Würde dignity
würdevoll dignified
die Wurst, ⸚e sausage
wüst wild, disorderly
die Wut rage, fury
wütend furious
der Zahn, ⸚e tooth
die Zauberei magic
der Zauberkünstler, – magician
der Zauberlehrling, -e sorcerer's apprentice
die Zaubernummer, -n magic act
die Zeichnung, -en drawing
zeigen to show
die Zeile, -n line
die Zeit time
zerbrechen, a, o to break
zerreißen, i, i to tear, rupture
zerren to tug, drag, stretch
zerschlagen, u, a to smash
zerstreuen to scatter
zerzausen to dishevel
ziehen, o, o to draw, drag, pull
zielen to aim
ziellos aimless
das Zifferblatt, ⸚er clock or watchface
die Zigarette, -n cigarette
der Zigarettenstummel cigarette butt
die Zigarre, -n cigar
der Zigarrenstummel, – cigar butt
das Zigarrengeschäft cigar store
zittern to tremble, shiver, shudder
zögern to hesitate, delay
das Zuchthaus, ⸚er penitentiary
zucken to twitch, wince
der Zuckerwürfel, – sugar cube

die Zuflucht   refuge
zuflüstern   to whisper to
der Zug, ⸚e   train
zugleich   at the same time, together
zu•hören   to listen to
zu•jubeln   to cheer, shout and applaud
zu•knallen   to slam shut
die Zukunft   future
zukünftig   in the future
zunächst   first of all
zurecht•rücken   to adjust
zurück•bleiben, ie, ie   to remain behind
zurück•geben, a, e   to give back
zurück•gehen, i, a   to go back
zurück•halten, ie, a   to hold back
zurück•kehren   to go back, return
zurück•kommen, a, o   to come back
zurück•lehnen   to lean back
zurück•treten, a, e   to step back
zurück•wechseln   to change back
zurück•ziehen, o, o   to withdraw
der Zuruf, -e   shout
zusammen   together
zusammen•brechen   to collapse

zusammen•nehmen, a, o   to gather, collect
zusammen•passen   to be well matched
zusammen•schlagen, u, a   to clap together   **die Hände zusammenschlagen**   to clap or clasp one's hands in surprise or anguish
zusammen•sinken, a, u   to sink down, collapse
zusammen•stoßen, ie, o   to collide
zu•schauen   to look on, watch
der Zuschauer, –   spectator, pl. audience
zu•schieben, o, o   to push towards
zu•schlagen, u, a   to slam shut
zu•sehen, a, e   to look on, watch
sich zu•wenden   to turn toward
zu•werfen, a, o   to throw to
die Zwangsjacke, -n   straitjacket
zwanzig   twenty
zweifeln   to doubt
der Zwischenruf, -e   interjection, exclamation from the audience
zwitschern   to twitter, chirp
der Zylinder   top hat

A 1
B 2
C 3
D 4
E 5
F 6
G 7
H 8
I 9
J 0